Ronja Fankhauser

Tagebuchtage
Tagebuchnächte

Übers Erwachsenwerden

LOKWORT

Der Verlag dankt dem Schulfonds des Gymnasiums Hofwil und dem Verein Talentförderung Gestaltung & Kunst sowie zahlreichen Crowdfunding-Spenderinnen und -Spendern sehr herzlich für deren Produktionskostenbeiträge. Ein besonderes Merci für die Zusammenarbeit geht an Ronja Fankhauser, Regina Dürig und Andrea Loux.

Der Lokwort-Verlag wird vom Bundesamt für Kultur mit einem Strukturbeitrag für die Jahre 2018 - 2020 unterstützt.

2. Auflage
Lektorat: Regina Dürig
Gestaltung: Ronja Fankhauser
Druck: CPI Clausen & Bosse, Leck
© 2020 Buchverlag Lokwort, Bern
Abdruckrechte nach Rücksprache mit dem Verlag
ISBN 978-3-906806-30-3
www.lokwort.ch

Inhaltsverzeichnis

10.10.12 Mittwoch

Heute habe ich mir dieses
wunder-schöne Tagebuch
gekauft. Es hatte mir wegen
den Seerosen und den
Pfauenfedern sehr gefallen,
ausser dem sind Grün, Türkis, Blau
und Pink meine lieblings Farben.
Heute war ein sehr regnerischer
Tag, es hatte schon lange nicht
mehr so fest geregnet. Doch der
Tag hat mir trotzdem sehr
gefallen.

Einleitung

Die Basis für unsere Emotionen im Erwachsenenleben liegt ohne Zweifel in unserer Kindheit, aber es ist der Übergang zwischen diesen zwei Welten, der uns wohl am meisten verwirrt. Mit elf, zwölf, dreizehn, vierzehn und fünfzehn Jahren sind wir weder-noch, lauwarm, gehören nirgends hin – ich kann mich gut daran erinnern, als zu klein zu gelten, wenn ich meine Haare färben wollte, aber plötzlich alt genug zu sein, wenn es darum ging, Verantwortung zu übernehmen oder die Spülmaschine auszuräumen. Es geht um Zwischenräume, um den Akt des Suchens. Die sozialen Beziehungen zwischen Jugendlichen in der Oberstufe sind für alle angespannt, eine Mischung aus den ungefilterten Ranglisten der Unterstufe und den geheimnisvollen Gesprächen und Welten Erwachsener. Das System zwingt uns dazu, Ziele zu setzen und lebenswichtige Entscheidungen zu treffen, bevor wir überhaupt herausfinden können, wer wir sind. Jetzt ist die Zeit, in der du dich formen sollst, die Zeit, in der du die Jugend geniessen und gleichwohl die Grundlage für dein Bilderbuchleben legen sollst. Wie glänzend sind deine Haare, wie gross deine Augen, rot deine Wangen, glatt deine Beine, wie gross ist der Spalt zwischen deinen Oberschenkeln – was willst du später mal machen, welche Lehre, was studieren, Karriere oder Familie – passen die Geschlechtsteile von dir und deinem Schwarm so zusammen wie in Sexualkunde gelernt, ist sie hübsch, ist er witzig, sieht sie aus wie die Wasserstoffblondinen aus den Videos, die du von «Pornhub» heruntergeladen hast, er wie der blauäugige Football-Spieler aus den amerikanischen High-School-

Filmen. Der Druck, den die Ideale der Erwachsenenwelt auf deren Mitglieder ausüben, sickert nach unten. Wir sind noch Kinder, aber schon jetzt so unglücklich wie Erwachsene.

2019 habe ich im Rahmen eines künstlerischen Schulprojekts einen längeren, literarischen Text geschrieben, «alle selben anderen», dessen Hauptfigur dreizehn Jahre alt ist. Das Teenagersetting wählte ich damals intuitiv – ich fand es uninteressant, aus der Perspektive meines eigenen Alters zu schreiben, und weiss zu wenig übers Erwachsensein, um die Sichtweise eines älteren Menschen einzunehmen. Durch mein Schreiben gezwungen, meine eigene Oberstufenzeit zu reflektieren, merkte ich damals schnell, dass sich diese drei Jahre signifikant vom Rest meines Lebens unterscheiden, eine Zäsur darstellen, einen Wendepunkt.

Die Arbeit an «alle selben anderen» hat mich dazu angeregt, diese Lebensphase und ihre Bedeutung für unser späteres Sein weiter zu erkunden, echte Erfahrungen zu sammeln, Gespräche zu führen. Wieso reden alle nur so zögerlich darüber, wieso löschen so viele die Oberstufe aus ihren Erinnerungen, wieso behandeln ältere Generationen Teenager, als wären sie eine fremde Art, distanziert, befremdlich? Die komplizierten Gefühle, die wir mit 13 durchlebten, – was machten sie damals mit uns, woher kamen sie, wo sind sie hingegangen und wie wirken sie sich auf unser Jetzt aus?

Autoethnographische Methodik

Da gibt es diese Diskrepanz zwischen Jugendlichen und Erwachsenen, die schwer zu überbrücken ist. Das Gefühl, wenn Forschende versuchen, Teenager zu analysieren, ihre Sprache zu kategorisieren, Entwicklungstheorien schreiben und Essays über Selfies und

Memes, wenn Eltern «sick» und «lit» sagen oder wenn «swag» zum «Wort des Jahres» ernannt und anschliessend von Adoleszenten nie wieder ausgesprochen wird.

Für diese Arbeit habe ich mich durch zahlreiche Studien gelesen, in denen Jugendliche gruppiert wurden, Experimenten ausgesetzt, gescannt, biologisch, neurologisch, sozial und in allen bin ich über das selbe Hindernis gestolpert, den selben Gedankengang: Es fühlt sich falsch an, die emotionalste Zeit des Lebens in kalte Wissenschaft zu verpacken, von aussen aufzuzeichnen oder nachzuahmen, so zu tun, als könnten wir je eine neutrale Sicht auf das Innenleben eines Teenagers gewinnen. Ich möchte mit meiner Arbeitsweise dieses dominante Paradigma in Frage stellen, denn: «Was ich im Feld sehe, was mich berührt, was mich anekelt und was ich schliesslich für beachtenswert halte, das verdankt sich letztlich meiner Subjektivität. Mit wem ich wie ein Interview führe, ob ich Kontakt zu ihm oder ihr bekomme, ob sich Rapport einstellt, wie das Drama sich entfaltet, das ist ganz wesentlich von der Subjektivität [der Forschenden] beeinflusst.» (Adams et al. 2018, S. 4)

Wissenschaft kann nie objektiv sein, auch wenn sie gerne so tut. Um vorpubertäre Erfahrungen festzuhalten, setze ich ethnographisch also an dem Punkt an, welcher mir in all den Studien und Statistiken gefehlt hat: bei individuellen Geschichten und Gefühlen, geheimen Tagebüchern, Wörtern statt Zahlen. Dafür nutze ich die Form der Autoethnographie, eine wissenschaftlich-literarischen Textform, die observiert, analysiert und doch zugänglich bleibt. Lange Zeit gab es eine klare Trennung zwischen literarischem Schreiben und wissenschaftlichem Schreiben, wobei letzteres als «objektiv» gedacht wurde. Mit der Anerkennung der Subjektivität der Forschenden kann auch wissenschaftliches Schreiben persönlich gedacht werden und eine neue, sozialwissenschaftliche

Form der Kunst entsteht. (vgl. Adams et al. 2018)

Im Rahmen der vorliegenden Studie habe ich monatelang Informationen gesammelt – ich habe mir BRAVO-Magazine, Filme und Zeichnungen angesehen, Musik gehört, Tagebücher gelesen, Tagebücher von echten Menschen, die jetzt erwachsen sind und damals 12, 13, 14, 15 waren. Ich habe mit über 20 Personen über ihre Erfahrungen gesprochen, mit Familienmitgliedern, Fremden und Befreundeten, aber ich habe darauf verzichtet, systematische Interviews zu führen. Stattdessen sind Gespräche entstanden, manchmal gezielt, manchmal zufällig, in denen ich auch meine eigenen Erlebnisse geteilt habe. Niemand wurde dazu gezwungen, zu erzählen oder traumatische Erlebnisse zu reflektieren, aber durch den Grundsatz von Konsens und der Auflösung der Hierarchie zwischen fragender und befragter Person konnte eine Atmosphäre entstehen, in der sich diese Menschen bereit gefühlt haben, Erinnerungen an eine wichtige Zeit ihres Lebens mit mir zu teilen. Diese Konversationen habe ich stichwortartig festgehalten. Gleichzeitig habe ich Kontingenz akzeptiert: Mir war bewusst, dass Erinnerung fehlbar ist und Ereignisse niemals so abgebildet werden können, wie sie erlebt und empfunden wurden.

Nicht zuletzt habe ich bei mir selbst angefangen und aufgehört. Das Mittel der Autoethnographie erlaubte mir, meine eigenen Erlebnisse und Gefühle zu reflektieren und miteinzubeziehen, auf die oben erwähnte «Objektivität» von Anfang an zu verzichten und von einer Position aus zu forschen, in der ich zugebe, dass sie subjektiv ist, und in der ich anerkennen kann, was sie beinhaltet und wie diese Faktoren meine Forschung bewusst oder unbewusst beeinflussen. Ich bin privilegiert, weil ich ein weiss gelesener, westlich sozialisierter Mensch mit Schweizerpass bin – able-bodied, institutionell gebildet, vom Schönheitsideal nur marginal abweichend und in einer finanziell und zwischenmenschlich stabilen Familie aufgewachsen. Gleichzeitig bin ich diskriminiert, weil ich als Frau sozialisiert wurde, weil ich im Kontext des kapitalistischen Systems als chronisch krank und damit teilweise invalid klassifiziert werde und weil ich mich ausserhalb der Geschlechterbinärität positioniere.

Ein weiterer Teil meiner Forschungsmethodik war das Tagebuch, das ich mir im Frühling 2019 gekauft habe. Ich wollte versuchen, darin meine Tage so festzuhalten, wie es in den Tagebüchern, die ich lesen durfte, getan worden war, versuchen, die Regelmässigkeit und die Ehrlichkeit nachzuahmen. Das ist mir schwer gefallen. Die Einträge, die ich geschrieben habe, waren irgendwie falsch, das ganze Tagebuch war letztlich falsch, trotzdem hat es mir geholfen, den Prozess des Tagebuchschreibens besser nachzuvollziehen.

Autoethnographien verkörpern nicht das Produkt eines Verstehensprozesses, sondern den Verstehensprozess selbst – auf der Seite der Schreibenden, aber auch im Dialog mit den Lesenden. Es geht darum, Fragen an die Lesenden zu stellen, sie zu berühren und dazu zu bringen, sich selbst zu reflektieren, beim Lesen einen Prozess zu durchleben, angestossen zu werden, etwas zu verändern.

In dieser Arbeit spreche ich, obschon Geschlecht auf biologischer Ebene ein Spektrum und kein binäres System ist, immer noch von

11

Männern und Frauen. Zwischen den Erfahrungen eines männlich sozialisierten Menschen und eines weiblich sozialisierten Menschen existiert aufgrund der Hartnäckigkeit, mit der das Konzept des binären Geschlechts in der heutigen Gesellschaft noch verankert ist, eine wichtige Differenz, welche ich nicht ignorieren möchte. Ich benutze daher Begriffe wie Mann, Frau, Mädchen oder Junge. In der Originalfassung meiner Maturaarbeit habe ich diese Wörter mit einem Sternchen* markiert, um die Tatsache zu unterstreichen, dass es sich bei diesen Begriffen lediglich um das soziale Konstrukt des bei der Geburt zugeteilten Geschlechts handelt, dieses aber keiner biologischen Wahrheit entspricht. Für diese Veröffentlichung wurde das Sternchen, um den Lesefluss zu erleichtern, aus dem Text gestrichen.

Wenn ich über die Vergangenheit von Menschen spreche, die sich zum Zeitpunkt der Arbeit mit einem anderen Geschlecht identifizieren als in ihrer Vergangenheit, erwähne ich das Geschlecht, nach dem diese Menschen sozialisiert wurden, verwende aber trotzdem immer die momentan bevorzugten Pronomen der jeweiligen Person. Die Erwähnung des bei der Geburt zugeteilten Geschlechts kann für Transmenschen verletzend sein, geschieht im Zusammenhang dieser Arbeit aber ausschliesslich mit der vollen Zustimmung dieser Personen und dient der akkuraten Repräsentation ihrer Erfahrungen.

Im folgenden Text schreibe ich an einigen Stellen in der Wir-Form. Damit beziehe ich mich auf uns als menschliche Gemeinschaft, wir als Mitglieder der Gesellschaft. In das «Wir» schliesse ich mich selbst ein, die sprachliche Form soll unterstreichen, wie ähnlich sich unsere damaligen Erlebnisse sind, obschon wir uns alle einsam gefühlt haben. Trotzdem: Die wenigsten der «Wir»-Aussagen werden auf alle Personen, welche den Text lesen, zutreffen. Es geht um eine Mehrzahl, darum, das Bild, welches ich durch meine Gespräche erhalten habe, zu vermitteln. Zusätzlich ersetzt das «wir» den Begriff «man», auf den ich bewusst verzichte, da dessen etymologische Nähe zum Wort «Mann» für manche Menschen patriarchale und somit verletzende Konnotationen hat.

Veröffentlichung

Für diese Veröffentlichung wurde der Text lektoriert, auf Wunsch der Beteiligten wurden bestimmte Aussagen abgeändert, anonymisiert oder gestrichen. Im Grunde ist die Arbeit aber noch die selbe, die ich im Herbst 2019 als Maturaarbeit abgegeben habe.Das Bildmaterial besteht ausschliesslich aus Scans der Tagebücher und Notizen, welche ich im Rahmen meiner Recherche erhalten habe, und aus Scans des Tagebuches, das ich selbst während dem Schreiben verfasst habe. Alle Tagebucheinträge, Geschichten und Personen in dieser Arbeit sind echt, ihre Namen wurden jedoch von mir geändert und zensiert.

Die Verwendung und Veröffentlichung des Materials geschieht mit der vollen Zustimmung aller Beteiligten.

Triggerwarnung

Im Kapitel «Rasierklingen» schreibe ich über Selbstverletzung, es sind Zeichnungen und eine Fotografie enthalten, die Schnitte und Blut zeigen.

1. Erwachsen sein

2.4.13

Ich atme dich ein, und
nie wieder aus, sch-
lies dich in mein
Herz, lass dich nicht
mehr
raus,
Ich
trage
dich bei
mir, in meiner
Brust, hät
alle Wege
verändert, hät
ich es vorher
gewusst
(Zitat von Philip Poisel in
Eiserner Steg)

i miss you

Bye

Best School ever

«Das Traurige ist, dass wir uns beim Heranwachsen nicht nur an die Gesetze der Schwerkraft gewöhnen. Wir gewöhnen uns gleichzeitig an die Welt selber.» (Gaarder 1991, S. 12)

Als ich zehn war, wollte ich nicht erwachsen werden.

Ich mochte Meeresbiologie und trug meine Haare, von meiner Mutter mit der Küchenschere abgehackt, kinnlang. Die Kinder aus meiner Klasse sah ich ausserhalb des Unterrichts kaum, die Liebesgeschichten, die als Begleiterscheinung meiner Fantasyromane immer wieder auftauchten, übersprang ich oft und meinem Körper schenkte ich wenig Beachtung. An meinem zehnten Geburtstag bekam ich von meiner Grossmutter statt dem Teleskop, das ich mir gewünscht hatte, einen Wendy-Roman und meine Patin schenkte mir mein erstes und letztes Tagebuch. Es war geblümt, die Seiten weiss und unliniert. Da war kein Verschlussmechanismus, kein primitives Passwortsystem, nur ein Gummiband. Ich war fast enttäuscht – dasjenige meiner damaligen besten Freundin funktionierte mit Stimmerkennung, öffnete sich mit einem leisen Klicken nach dem Aussprechen des Kennworts, Chérie, der Name ihres Hundewelpens, und als Isabelle einmal schlief und ich aus meinem Schlafsack kroch, mich mit dem Tagebuch im Badezimmer versteckte und ihre Stimme imitierte, öffnete sich die pinke Plastikhülle auch für mich. Ich erinnere mich, wie ich auf dem geschlossenen Toilettendeckel hockte und das verbotene Buch aufschlug, um meiner besten Freundin ihre Geheimnisse zu stehlen,

15

ohne Reue. Ich war zwölf Jahre alt. Isabelles Handschrift war kritzelig, kindlich, Linkshänderin.

Ich bin total in Tobias verliebt, stand da.
Ronja ist nett, aber falsch, Ronja lügt total oft.
Tobias sieht so hübsch aus, Leah ist meine allerbeste Freundin.
Ronja nervt. Liebes Tagebuch.

Das war wohl der Anfang meines Erwachsenwerdens: die Realisation, dass es Dinge gibt, die nicht so sind, wie sie scheinen.

Mit elf oder zwölf Jahren wurde dann vom System die erste Weiche für meine Zukunft gestellt. Ich war nur knapp in die Sekundarstufe eingeteilt worden und in der Schule drehten sich die Gespräche lange nur darum, wer wohl gut genug für die bessere Schule sein würde. Sek und Real, A oder B, du musst dich jetzt anstrengen, es kommt auf Noten an, auf Zahlen. Am Ende der sechsten Klasse wurden wir dann aus unseren bisherigen Konstellationen gerissen und in neue Gruppen eingeteilt, nicht nur schulisch, auch gesellschaftlich. Die Kategorisierung kam mit einem Stigma: in unserem Dorf galten die aus der Sek als arrogant und die aus der Real als dumm.

In den Sommerferien bekam ich den Brief mit den Stundenplänen und Klasseneinteilungen fürs Schulhaus des Nachbardorfes, welches ich von jetzt an besuchen würde. Isabelles Name war unter meinem aufgelistet und ich tat so, als würde ich mich freuen.

Im kalten Wasser

An den ersten Schultag der siebten Klasse kann ich mich nur schlecht erinnern. Als ich Luna danach frage, sagt sie mir, dass ihr wohl kein Datum klarer geblieben ist als dieses. «Ich weiss noch, das ich mich total fürchtete, weil ich nicht wusste, was mich erwarten würde», erzählt sie, «ich bin ins Klassenzimmer gekommen und sah sofort diejenigen, die in der Sechsten so cool gewesen waren, mit meinen besten Freundinnen rumstehen. Meine beste Freundin sagte mir nicht mal Hallo. In dem Moment wusste ich: Okay, das wird scheisse.» Viele sagen mir, dass sie in der Oberstufe ihre alte Klasse vermisst haben. Alles war so viel einfacher, früher, als ich noch klein war, schreiben die Jugendlichen in ihre Tagebü-

> Ig gräne über nes Jahr lang, jedi Nacht, wöu avi so vermisse u i weiss genau ds si mi nid vermisse. Mini neui Klass isch eifach dum!
>
> Abr im Moment vermissi eifach ez Gfüel z wüsse das di di angere gärn hei u das jede für jede aues würd mache! und i vermisse me Zit z ha für es Ching z'si!

17

cher, als hätten sie ein ganzes Leben hinter sich. Ich wünschte, ich wäre wieder jünger, ich wünschte, ich wäre wieder so sorglos, in der Sechsten waren wir alle so gut befreundet und alle waren ehrlich und nett zueinander. Loris erzählt von nächtelangem Weinen, Sehnen nach alten Zeiten, damals, als alles noch einfach und doch faszinierend war, Jasmin sagt, sie könne sich nur daran erinnern, dass ihr in der Siebten plötzlich alles hässlich vorkam, alles grau und aus Beton.

Ich selber vermisste niemanden und schloss in der neuen Klasse schnell Kontakte. Die Mädchen mochten mich und störten sich an Isabelle, die mir wie ein Schatten folgte. Nachdem ich ihr eines Abends meinen Wunsch gestand, Abstand nehmen zu wollen, sprach sie nie wieder mit mir. Ronja ist nett, aber falsch, weil sie total oft lügt.

Die Veränderung war minimal und doch riesig: Ich musste nur ein bisschen die Stimme verstellen und meine neuen Freundinnen öffneten sich mir fast so einfach wie Isabelles Plastiktagebuch damals, erzählten mir von ihren Geheimnissen und schienen mir ihr Vertrauen zu schenken. Hinter den Rücken der jeweils anderen tuschelten sie mit mir und ich wusste, dass sie auch über mich redeten, wenn ich mich umdrehte. Ich glaubte zu sehen, wie sie zu Hause in ihren Tagebüchern all die Dinge aufschrieben, die sie in Wahrheit an mir falsch fanden, und trotzdem sehnte ich mich nach ihrer Anerkennung. Alles war plötzlich kompliziert, ich schien nur zu blinzeln und plötzlich wurde ich unter der Gemeinschaftsdusche angestarrt, Lehrpersonen warfen Dossiers über Berufswahlprozesse auf mein Pult, mein Gesicht juckte und alle sagten mir, ich sei jetzt wohl langsam erwachsen. Ich vermisste niemanden, aber ich sehnte mich trotzdem zurück.

(Es lg lose grad Musig vo trüecher u a
weckt aui Erinerige♥)

2.4.13

Ig vermisse mini aute
Klass so fescht!!

Der code HORROR Es isch eifach schli-
limm! Ig bi iz scho fasch es
Jahr i'r neue Klass, aber i vermisse
mini auti ging no so!! U z schlimmschte
isch ds ig mi langsam nüm cha
errinere! Es macht mi so trurig ds
ig mi a de ganz Spass, di Discos,
z'Abmache mit aune und a'Schuel
nüm cha errinere! Es verschwindet
immer meh u irgendeinisch weissi
nit me vo dene, obwou ds bis iz
di geilschti Zit i nüm Läbe isch
gsi! Ig gränne sehr oft ir Nacht
weni a di aute Zite denke und
a ███! Ig weiss no wi ig mit em
███ u em ███ Wasserschlachte
gmacht ha,gklätteret bi, Telefonstreiche
gmacht ha, mit chindlische Pischtole
ume gschosse hab, u.s.w und i weiss
ds si mi nid vermisse♥ drehen➔

2. Perfekt sein

Montag 26.3.2012

Liebes Tage-
buch

Ich habe schon
lange nicht gesch-
rieben, doch jetzt
tu ich es wieder.

fragen über fragen
Meine Mutter hat mir am
Freitag dem 23.8.2012
2 Büchlein über das verändern
eines Mädchens nachhause
gebracht. Bei mir ist alles schon
eingetroffen nur eines noch nicht
die ~~Menstro~~ Menstroation, doch
es könnte sein das sie bei ~~sist~~
mir in einem oder halben
Jahr kommt. Doch fragen über
fragen Kvälen mich? ist das wah?
wie ist das? ich fragen über
fragen.... -!!-   <Fogi
                        (Fröschli)

> «What up young girl,
> I know it's been a minute
> Since you've got the chance to see yourself
> in other women
> Everything is driven by your given image
> The illusion is confusing and your head is spinning
> (Nitty Scott, 2014)»

Sind wir bald da?

Vor oder nach oder während dem Bruch zwischen der sechsten und der siebten Klasse folgt eine weitere Zäsur: Plötzlich tun mir Bauch und Brust weh, plötzlich sehe ich in den Spiegel und bin anders, irgendwann hat sich ein fremdes Tier angeschlichen und mich gebissen und infiziert ohne meine Erlaubnis und jetzt wache ich auf und blute.

Ich wollte mich lange nicht mit den Veränderungen an meinem Körper beschäftigen, halt die Klappe, herrschte ich meine Schwester jeweils an, wenn sie ins Bad kam und ich unter der Dusche stand und sie sagte «hey, deine Brüste sind grösser – wow, ich bin total eifersüchtig» und ich «lass mich sein, geh weg». Beruhig dich, was ist dein Problem?
Jetzt sitzt meine Schwester am Steuer und fährt mich nach Hause. Wir können inzwischen beide Autofahren, wohnen in der Stadt, kaufen unsere Zahnpasta selber, wir sind älter geworden. Im Radio läuft EnergyBern. Ich hasse ihren Musikgeschmack. Wir streiten uns immer noch ab und zu, aber seltener, weniger laut, mit weniger Türenknallen und Haargereisse.

21

«Als deine Brüste gewachsen sind, als du deine Tage gekriegt hast – kannst du dich daran erinnern?», frage ich und sie sagt: «Ziemlich genau, ja. Also, ich war ein Spätzünder, so achte Klasse – die andern haben sich schon darüber ausgetauscht, also über die Tage, und ich hab dann auch angefangen, richtig drauf zu warten. Ich dachte, ich sei nicht richtig dabei oder keine richtige Frau, solange ich meine Tage nicht habe. Ich wollte immer total erwachsen sein, in dem Alter, und das war für mich richtig so – die magische Grenze. Ich hab sogar auf dem WC gehockt und hab gedrückt… »

Ich lache und sie lacht mit, fährt dann fort: «Also, ich war in der Achten, das sagte ich schon, und ich weiss noch, das ich damals auf der Mädchentoilette war, mit Donna, kennst du noch Donna, aus dem Dorf?»

«Ja.»

«Und ich hatte einen blutigen Fleck in der Unterhose und das war dann natürlich Drama, Drama, Drama. Dann hab ich eine Binde reingetan und bin in den Sportunterricht gegangen und dann hatte ich diesen Moment – weil – in der ersten Sekunde, als ich das Blut gesehen hatte, dachte ich so: Jackpot! Yes! Und dann stand ich ich plötzlich da und ich hab mich gefühlt wie in Windeln. Plötzlich dachte ich nur what the fuck, ich blute da ja raus, was für ein Mist.»

«Plötzlich nicht mehr so cool.»

«Plötzlich ziemlich beschissen.»

All die Vorfreude auf etwas, was alle so wichtig machten, und dann die Realität: nur dunkelbraun und klebrig und fremd.

«Aber ja. Trotzdem hab ich das schon ziemlich zelebriert.»

«Die ganze Familie hat's mitgekriegt.»

Sie zuckt mit den Schultern. «Ja, ja. Das war schon so ein Meilenstein», sagt sie, und leiser: «dachte ich.»

Dann macht sie den Blinker an und biegt ab.

gemacht, dan bekam ich mega
Bauchweh und frau Kandlhofer
und Bira sagen „fieleicht
kriegst du die Periode"
Ich hasse es in dem alter
denken immer allen an Pubertät.

Endlich Vollmond

Auf die Veränderung ungeduldig warten, endlich Frau sein, als ob sich Frausein durch Menstruation definiert. Wer zu spät dran war, hat sich ausgeschlossen gefühlt, wer zu früh war, wurde genauso ausgelacht. «Ich bin schon in der Vierten in die Pubertät gekommen», sagt Kim, «und das war der Horror, ich wurde total gemobbt, ich hatte schrecklich Akne und zero Self-esteem.» Mit neun hat Kim seine Tage gekriegt – das hat ihn kaputt gemacht, sagt er. Meine eigene Mutter war 16, als es endlich passierte, und hat sich ähnlich fremd und falsch gefühlt wie Kim, zu früh und zu spät und nie richtig.

In der Schule haben wir damals alle gelernt, wie «der Körper der Frau» funktioniert, Dossiers und Grafiken. Reine Wissenschaft. Wie sich das emotional anfühlen könnte, woher der Kult um all die Veränderung kam, dass Zeitpunkt und Spezifika unseres Wachstums uns nicht definieren, darüber wurde nie gesprochen. Und obschon alle Menschen, mit denen ich darüber geredet habe, die erste Periode und die anderen körperlichen Veränderungen als immensen Schritt sahen und den Test über den weiblichen Zyklus mit einer mindestens genügenden Note abschlossen: Die Realität war für die meisten ein Schock. Es ging um rituelle Weiblichkeit und um die Graafschen Follikel, aber nie um den Schleim und den Ausfluss. Auf Griechisch bedeutet «menus» Mond und Kraft. In unserer Gesellschaft bedeutet Menstruation Tabu und Ekel. Und so wird uns das auch beigebracht.

Wer die Periode nicht mit Sehnsucht erwartete, der fürchtete sich davor und wollte den Prozess nicht wahrhaben. «Ich bin mir sicher», sagt mir zum Beispiel Anna, «dass ich meine Tage mindestens ein halbes Jahr früher gekriegt hätte, wenn ich mich psychisch nicht so dagegen gewehrt hätte. Ich hatte monatelang Krämpfe, vorher, aber ich wollte es nicht glauben, also hab ich's rausgezögert.»

> 21. 12. 12 Freitag
>
> Entschuldige ich habe sooo... lange nicht mehr geschrieben in der Schule war es so stressig wir hatten viele Proben. Du glaubst es nicht ich habe gerade ~~dia~~ das erste mal die Mens bekommen, es ist sooo.. ekelhaft ihhh!

Ich sass damals mit vierzehn stumm auf der Toilette und habe das schmierige Blut zwischen meinen Beinen emotionslos angestarrt. Dann habe ich meine Hände gewaschen, meine Unterhose entsorgt und nicht darüber gesprochen, bis meine Mutter ein paar Wochen später auf mich zukam, ich weiss nicht, wie sie es damals herausgefunden hat, ich weiss nur noch, dass sie wohl dachte, etwas falsch gemacht zu haben. «Wieso hast du nicht mit mir darüber geredet?», hat sie gefragt. «Keine Ahnung», habe ich gesagt, daran gedacht, wie Cynthia aus meiner Klasse einen dunklen Fleck in ihre hellen Röhrenjeans geblutet hat, wie der Drehstuhl da, wo der gelbe Lack abgeblättert war, die schwere Flüssigkeit aufgesogen hat. Wir haben im Handarbeitsunterricht Mützen gestrickt, meine Wolle war dunkelgrau und ihre regenbogenfarben, es war Dienstagnachmittag und sie trug geblümte Socken und war noch ein Kind. Die Jungs haben sie ausgelacht, als sie weinte und den Kopf senkte, aus der Tür Richtung Toilette stolperte, um sich zu waschen. «Wie peinlich», hat einer gesagt.

Männlich sozialisierte Menschen gingen zur gleichen Zeit mit ähnlichen Problemen auf andere Weise um. Auch den «Körper des Mannes» haben wir im Unterricht behandelt, auch dazu haben wir Arbeitsblätter bekommen und Prüfungen geschrieben, Harnröhre, Schambein, Schwellkörper, Nebenhoden, das Kichern der Jungs beim Wort «Hoden» und die kindlichen Filzstiftzeichnungen von Penissen auf Pulten, Heften, Wänden, Bänken und Armen.

Wer männlich erzogen wurde, dem wurde beigebracht, keine Schwächen und Unsicherheiten zu zeigen – also taten die Jungs so, als wüssten sie schon alles, was es zu wissen gibt, nahmen nichts ernst. Es wurde nicht über erste Erlebnisse oder Hoffnungen oder Ängste gesprochen, sondern darüber, wessen Geschlechtsteil am längsten war. «Ich hab mich schon gefreut, als das alles angefangen hat, glaube ich, das Grösserwerden vom Penis, die ersten Brusthaare», sagt mir Andrea. Sie streicht sich durchs lange Haar und versucht, sich an Dinge zu erinnern, die sie lange zu vergessen versucht hat. «Wir wollten schliesslich alle wachsen, Muskeln kriegen und Haare, überall. Wer den erwachsensten Körper hatte, der war irgendwie besser, cooler.»

Als ich meinen Bruder frage, wie seine Klassenkameraden in der Neunten damit umgehen, weicht er aus, sagt, dass sie vor allem Witze machen. «Ich weiss nicht», meint er unsicher, «sie reden schon drüber, aber nie wirklich im Ernst. Keine Ahnung.»
Andrea meint, dass das alles einfach irgendwie verzerrt war, bei ihr und ihren Kollegen damals, alles ins Ironische gezogen, keine Zeit, sich Fragen zu stellen oder darüber nachzudenken, wie sich das alles wirklich anfühlt. Und wie bei den Mädchen entsprachen wohl nur wenige Erwartung der Realität.

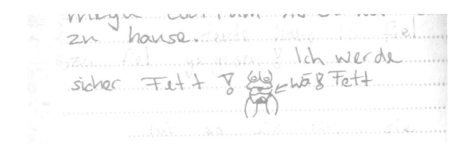

«Beeinflussen Teenagerfilme und Werbungen unser Teenagerverhalten?», fragt Alice, dann antwortet sie sich selbst: «Klar – ich hab' ich mir damals ‹Germany's next TopModel› angesehen, so wie alle, und fand das normal, wie die da miteinander umgehen.»

Die Jugendlichen ahmen das nach, was die Medien ihnen vorzeigen – ein unerreichbares Ziel. Das Ideal ist voll mit Wiedersprüchen: In der «Bravo» geht es neben der Perfektion der Stars auch um Selbstbewusstsein und Angst, um Eifersucht und Körper. So wirst du selbstbewusst! Mut wird am Ende immer belohnt! Glaub an dich!, sagen die Hefte, Eifersucht schadet dir nur! Stop the Hate! Meine 10 Glücksregeln! Bleib Cool! Likes machen nicht happy! Und drei Seiten vorher: So knipst du das perfekte Selfie, Pimp your Insta, egal, wie gut dein Ausgangsselfie ist: Ohne Bildbearbeitung geht heutzutage nichts mehr, so kopierst du die Beauty der Stars. Auf jedem Foto sind die Menschen weiss und schlank und glatt rasiert, den Artikel «deine Brüste» ziert die Fotografie eines symmetrisch-runden Busens und Tipps fürs perfekte Dekolleté stehen neben Aussagen wie: «Grösse und Form deiner Brüste kannst du nicht beeinflussen.» Wer sich nicht schminkt, ist hässlich, aber Jungs mögen lieber Girls mit natürlichem Look, also übertreibs nicht. Zu vorlaut oder zu scheu, zu dick oder zu dünn – sind unsere Noten gut, gelten wir als Streber oder Streberin, sind sie zu schlecht, sind wir dumm. Du achtest auf dein Aussehen? Arrogant. Du tust's nicht? Unhygienisch, Penner. Viel Sex? Schlampe. Keinen Sex? Prüde. Fragst du zu oft nach Gesellschaft, dann bist du anhänglich, du fragst zu selten, dann bist du zu distanziert. Money doesn't make you happy, aber wenn du später keinen Job hast, bei dem du gut verdienst, hast du was falsch gemacht. Hard work is the only way to success, aber wer nicht an den Partys ist, der ist langweilig. «I don't care» ist cool, keine Gefühle zeigen ist kalt, die T-Shirts im H&M sagen «you're perfect just as you are» und sind nur in den drei kleinsten Grössen erhältlich. Alle und alles widerspricht sich selbst – mühelos perfekt unperfekt totally real sein.

Aber die Medien erfinden diese Bilder nicht einfach – sie repräsentieren das, was die Jugendlichen tun, wollen sie ansprechen, kopieren ihr Verhalten. Etwas ändern, klären? Daraus lässt sich kein Kapital schlagen. Jung und verwirrt sind wir beeinflussbar und gerade in diesem verletzlichen Stadium, in dem wir nicht wissen, wo wir hingehören, wer wir sind, sein wollen, werden, wo wir so sehr auf der Suche nach Anerkennung sind, sind wir sehr leicht zu manipulieren, zu leiten. Kapitalistische Unternehmen nutzen diese Verletzlichkeit, um Teenagern ein Konsumverhalten beizubringen, mit dem sie in deren Jugend und später im Erwachsenenalter Profit machen können. Immer schöner sein wollen, Markenkleider und Make-Up kaufen, Zähne bleachen, Beine bräunen – und dann Nahrungsergänzungsmittel, #allNatural, Diäten, Ernährungsratgeber, Eso, Guru, Yoga, Achtsamkeitstraining. Wir erlernen das grundsätzliche Streben danach, Bedürfnisse mit Produkten zu befriedigen, mit Dienstleistungen. Materielles wird als Lösung für die zahlreichen Probleme, mit denen junge Menschen konfrontiert sind, präsentiert: Mit diesen Schuhen kriegst du Aufmerksamkeit, über dieses Game reden jetzt alle, wenn dich deine Eltern nicht verstehen, versteht dich wenigstens die Popcorn.

Dabei sind im Kapitalismus mehr Probleme mehr Märkte – das System schafft dauernd neue Bedürfnisse, die es dann selbst mit neuen Produkten befriedigt. Rasierer für haarige Beine, Haltestangen fürs perfekte Selfie, Merch, Travel-Guide-Apps für die perfekten Fotoferien. So lernen wir, zu kaufen.

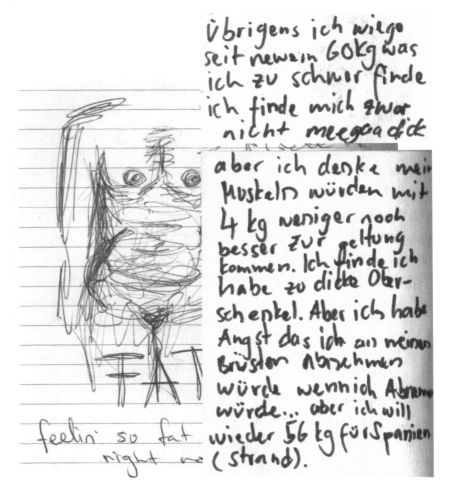

Übrigens ich wiege seit neuem 60kg was ich zu schwer finde ich finde mich zwar nicht meega dick aber ich denke meine Muskeln würden mit 4 kg weniger noch besser zur geltung kommen. Ich finde ich habe zu dicke Oberschenkel. Aber ich habe Angst das ich an meinen Brüsten abnehmen würde wenn ich abnehmen würde... aber ich will wieder 56 kg für Spanien (strand).

feelin' so fat right now

29

Gvatte Beine und Sehnsucht

Nicht nur durch die Veränderungen an unseren Körpern, auch durch den veränderten Umgang der Erwachsenen mit uns und die neuen Erwartungen, die sie an uns hatten, merkten wir, dass plötzlich etwas anders war, eine seltsame Übergangsphase, deren Beginn und Ende wir nicht wirklich definieren konnten. Irgendwann gaben Verwandte und Bekannte mir plötzlich die «Topmodel» oder die «BRAVO» statt dem «Spick», irgendwann sagte mir meine Mutter, dass es jetzt vielleicht mal Zeit würde, mir meine Beine zu rasieren, irgendwann durfte ich nicht mehr barfuss zur Schule gehen. Ich hörte auf, den Kindern aus meiner Klasse zu erzählen, dass ich zu Hause mit meinem Bruder Lego spielte. Ich bekam BHs geschenkt, die ich mit Entsetzen entgegennahm und jahrelang mit Aversion trug, und war damit konfrontiert, dass sich in der Siebten meine Freundinnen plötzlich Wimperntusche auftrugen und mich auslachten, weil mein Handyklingelton noch die Intromusik von «Looney Tunes» war.

Mit der Sehnsucht oder der Angst, bald erwachsen zu sein, kam für die meisten der Wunsch nach einem schönen Körper, die Furcht, dass wir falsch wachsen könnten, zu gross oder zu klein oder zu lang oder zu kurz. Wir wollten auf eine bestimmte Weise gross werden, dem entsprechen, was uns überall gezeigt wurde, in Filmen und Serien und Büchern und Magazinen und Liedern. Das Ideal.

«Sie stellte das Wasser kälter. Akne, Talg, fettige Haare, Spliss und die leere Stelle zwischen den Oberschenkeln. Mitesser und Schuppen und Eiterpusteln und Augenringe. Porzellangesichter. Wenn sie die anderen Mädchen ansah, sah sie gebräunte, weiche Haut unter langen, glänzend-hellen Haaren und wasserfestem Eyeliner, zerronnenem Lidschatten. Sich kleiden, sich verkleiden. Rita fand sich selbst grotesk und roh und machte sich keine Sorgen darüber. Auch mit einem Spiegel konnte sie nicht ganz in die Kurve ihres Rückens sehen und die Idee, dass sich dort, an ihre Wirbelsäule geschmiegt, eine dreiundneunzigste oder vierundneunzigste Sommersprosse verstecken könnte, ungezählt und unnotiert, beunruhigte sie.

‹Rita?›

‹Hm?›

‹Rasierst du dir die Beine nicht?›

‹Was?›

‹Sie hat gefragt, wieso du dir die Beine nicht rasierst.›

Blond und blauäugig, schlank und feminin und glatt wie ein Aal. Es war, als hätten die anderen eine helle Lampe auf Rita gerichtet und sie stand erstarrt im Scheinwerferlicht, ihr Arm noch nach hinten gedreht, wo sie mit ihren Fingerspitzen die Haut zwischen ihren Schulterblätter ertastet hatte. Sie atmete nicht mehr, starr, sah nach unten, wo sich die Haare an ihren Schienbeinen unter den Wasserflüssen der Dusche wie Schlangen hin und her bewegten.»

(Alle selben anderen, unveröffentlichtes Manuskript, S. 21)

Als ich dreizehn war, sahen sich alle gleichaltrigen Mädchen «GLEE» an, «Dance Academy», «Grey's Anatomy», «The Vampire Diaries» und, ohne es zuzugeben, «Hannah Montana», «Victorious», «Zoey 101». Dafür waren wir eigentlich zu alt. Wir lasen die «BRAVO» und die «HEY!» und die «POPCORN», wir sahen uns an Übernachtungspartys «High School Musical», «Mit dir an meiner Seite» und irgendwelche Nicolas-Sparks-Verfilmungen an. Isabelle las damals immer wieder «Maya und Domenico», ich las «Die Tribute von Panem», manchmal spielten wir «Die Sims» oder ich schaute ihr dabei zu, wie sie ihre «Nintendogs» streichelte.

Heute sehen sich junge Mädchen Serien wie «Riverdale» oder «13 Reasons why» an, Netflix schlägt mir in der Kategorie «Teen» den Film «To All the Boys I've Loved Before» vor und ich sehe ihn mir an. In den ersten zehn Minuten des Films stolpert die Hauptfigur rückwärts in ein hellhaariges Mädchen mit Ugg-Boots und Lipgloss, stottert «Gen! Sorry» und das Voice-Over erklärt: «Gen, Genevieve. We used to be best friends, but post middle-school, for reasons having to do with her popularity and my lack thereof, we are now decidedly not.» (Zu Deutsch: «Gen, Genevieve. Wir waren beste Freundinnen, aber jetzt, nach der Grundschule, aus Gründen, die mit ihrer Beliebtheit und meinem Mangel an selbiger zu tun haben, sind wir das ganz eindeutig nicht mehr.»)

Dass alles irgendwie gleich geblieben ist, überrascht mich nicht, dass weiblich erzogene Teenager heute ähnlichen Vorbildern folgen wie wir damals – immer wieder sind es die selben Protagonistinnen, die an der High-School von den beliebten Girls herumgeschubst werden, die immer hübsch und blond und pink und mit überzogener Arroganz und Oberflächlichkeit als Antagonistinnen dargestellt werden. Die Hauptfigur ist immer irgendwie ein bisschen anders, aber auf die richtige Weise, vielleicht ein bisschen belesen, wunderschön, sobald sie ihre Brille auszieht, nach den Sommerferien ohne die Zahnspange. Sie ist nicht perfekt, deshalb identifizieren wir uns mit ihr, sie ist wie wir. Am Schluss kriegt sie dann den Jungen, in den sie sich verliebt hat, stellt die verfeindete Blondine bloss und wird an ihrer Stelle beliebt, aber ihr Beliebtsein ist nicht gemein und aus Plastik, sondern nett und verdient.

Auch im echten Leben hassen wir die, die in der sozialen Rangliste ganz oben sind, und sehen gleichzeitig zu ihnen hoch – wir sehnen uns danach, wie die Protagonistinnen am Schluss der Filme Genevieve zu ersetzen. In der Jugend an den Schulen die sportlichen Jungs und ihre Freundinnen, in der Gesellschaft die makellosen Instagram-Celebritys, die Stars, die CEOs, die Beauty-Gurus auf Youtube. Wir ahmen sie nach, sehen uns nach ihrer Hilfe, Videos erklären uns «Was Jungs an Mädchen mögen», «MEINE SKIN CARE ROUTINE», «Riesen HAUL, H&M, NewYorker und CO!», Influencerinnen und Fitnesscoaches erklären Lifestyle, was die Boys mögen, worauf die Chicks stehen.

Manche haben sich gewünscht, ihr Wachstum zu beschleunigen, manche wollten es stoppen. Niemand wollte in der Zwischenphase stehenbleiben, eine Kaulquappe mit Beinen, ein federloses Vogelküken, weder Adler noch Ei. Viele versuchten, ihren Kinderkörper in einen Erwachsenenkörper zu verwandeln oder ihn zu verstecken, Make-up, Push-up, like und follow, weite T-Shirts und Leggings, aus denen wir uns abends mühselig herausschälten. Die richtige Schönheit wie in den Medien wollten wir haben. Wie in den Medien, das heisst: grosse Augen, volle Lippen, Kurven und lange Beine und Haare und Haut weiss und rein und glatt. Keine Diskussion. Die Angst davor, nicht genug zu sein. Zu viel zu sein.

Traummann

liebevoll
nett
macht den ersten Schritt
musikalisch
sozial
kann Gefühle zeigen
fröhlich
witzig
verantwortungsvoll
hübsch
glaubt an Jesus

Real men don't cry

Wer bei seiner Geburt auf die andere Seite der Binärität eingeteilt
wurde, dem wird etwas anderes beigebracht. Statt «Gossip Girl»
«The Fast and the Furious», «Transformers», statt Disney Marvel
und DC. Später oder jetzt dann «Game of Thrones» und «Breaking
Bad» und irgendwas mit Action und wahrscheinlich Mord, Star
Wars und War und War und War. Statt zum Sleepover treffen wir
uns zur LAN-Party, statt shoppen zu gehen, spielen wir im Multi-
playermodus «Call of Duty», online, offline, «Battlefield», «Wars
Across the Worlds», «Half-Life», «Far Cry», «Counter-Strike»,
«Fallout«, «Need for Speed», «Dead by Daylight», Krieg und
Tod und Strategie oder wenigstens Technik, Konstruktion, «Ci-
ties: Skylines», «Minecraft». Games und Guns, grillen und chil-
len mit den Jungs, blau-braun, brutal, sportlich, stark, sachlich und
selbstsicher, dominant und ehrenhaft und ehrgeizig. Den Computer selbstgebaut, Desktop, Gamingkeyboard, «Fortnite», Fussball
oder Hockey, Hauptsache Ranglisten, Kämpfe und Kopfweh.

Alles ist ein Wettkampf und: «The first rule of Fight Club: You do not talk about Fight Club.» (Fight Club, 1999) Statt «Boyfriend Tag <3» und «How to Evening Make up Easy and Fast» heissen die Videos hier «Let's Play Minecraft: Ich kille Creeper! Folge #312» und «World of Tanks – we INVADE the WORLD« und «FEMINIST AND SOCIAL JUSTICE CRINGE COMPILATION EXTREME». Da ist kein Druck, emotionale Ziele zu erreichen, kein Druck, schön zu sein, kein Druck, romantische Beziehungen zu führen oder treu zu sein oder ehrlich. Statt «du kannst nichts, also brauchst du einen Mann» gilt: «Du musst alles können, allein». Hier weint keiner, hier bindet sich keiner, hier ist Liebe in jeder Form kitschig, jeder Ausdruck falsch, jede Emotion schwul, no homo, bro, no tears, only sweat, real men man up, real men don't cry. Ein Superheld tötet ohne Reue, ein erfolgreicher Chef nimmt keine Rücksicht, ein echter Mann spricht nicht über seine Probleme. Die Jungs schlagen sich in den Umkleidekabinen mit Handtüchern und masturbieren zu Barbies auf «Pornhub», während die Mädchen vom Händchenhalten träumen.

«Liebe war für die Jungs kein Thema und Sex halt so ein hi-hi-haha-hoho-Ding», sagt mir Andrea, «dieser ‹Locker Room Talk› ist nicht nur ein Klischee, das ist echt schlimm – wenn es um Frauen ging, dann dauernd darum, wer wem den Schwanz gelutscht hat. Es wurde mit Sex angegeben, den noch gar keiner gehabt hatte.» Frauen sind ein Accessoire: die Liebesbeziehung des Protagonisten, das Bikini-Chick auf dem Ladebildschirm, das Objekt.

Ich habe keine männlich erzogene Person gefunden, die im Alter von dreizehn Jahren Tagebuch geschrieben hat.

20.Mai.2013 03:02 ! I cha ni Schlafe!

HAPPY OR NOT ? ¨ ¨ Ö gähn!

Irgendwie füeli mi im Moment so0.00
kras unbeliebt.!! I ha z gfüel ds
Niemer öpis mit mir wot ztüe hase
usser die vo mine aute Klass!
Ig ha tröimt ds ig mit em ████ ha
umegmacht und ig has schön gfunde!
Ig bi ner ganz verunsicheret gsi, ob
ig ihm lieben! Abr ig lieben ne nid! Dr
Phil isch eifach so toll !! Ig würd Y-titty so
gern mau treffe! Dr Phill isch leider scho
22! Abr er isch eifach so sympatisch,
heiss und sexy abr ig kenne ne ja
gar ni! Maaan er isch 8 Jahr euter!
Abr wenn ig 21 bi isch er ersch 29!
Warschinlech het er abr denn scho e Frau!
Ig weiss i spinne ds ig so Züg überlege,
meine i kenne ne gar ni... ¨ Warschinlech
liebi auso nemer... ig darf niemer
liebe!! Dr ████ isch mi bescht
Kolleg u dr PHIL kenni nid!! Döre

g füele mi eifach irgendwie komisch,
ehnsüchtig, trurig, verzwiflet abr i weiss
nid wiso! Irgendwie wördi MEGA gern
outube videos mache und berüemt werde...
br ig bruche eifach irgend öpper wo mit-
acht und gueti Ideeä ☺ Ig sehne mi
ach irgend öppisem liebi? anerkentnis?
eliebtheit? berüemtheit? gwüssheit? erfolg?

/ NEED LOVE ♡ ♡♡♡ ×

ING TEAR LOV
LOVE BORING
EAR LOVE BO
OVE BORING TEAR

PHIL

Mama
Grosspapa
Grosmama
Papa Gott
Gros

Love you?

¥
ö"
y-Niffy
OG
TC

3. Verliebt sein

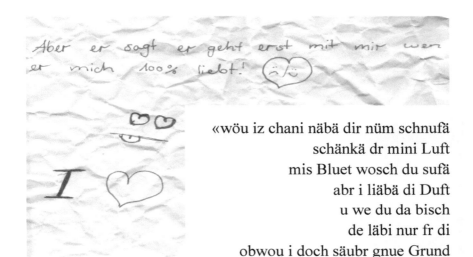

Aber er sagt er geht erst mit mir wen
er mich 100% liebt!

«wöu iz chani näbä dir nüm schnufä
schänkä dr mini Luft
mis Bluet wosch du sufä
abr i liäbä di Duft
u we du da bisch
de läbi nur fr di
obwou i doch säubr gnue Grund
zum läbä söt si»
(skilla und lillil, 2019)

Gefangen im Einfamilienhaus

Die Ideale überschneiden sich in einem Einfamilienhaus am
Stadtrand, darin: eine Katze und ein Kleinspitz und zwei Kinder, die aber in der Kita, Karriere für beide, 9 to 5, abends ist er
zu müde zum Kochen, aber sie kann, im Frühling Südfrankreich
und im Sommer Nordamerika und mit 40 leistet er sich dann ein
schönes Auto.

Die Ideale unterscheiden sich, wenn sie Rosen und er Sex will,
im Bordell, im Büro, bei der Scheidung, wer nimmt an welchen
Wochenenden die Kinder. Die Ideale unterscheiden sich, wenn
er wissen will, wo sie ist und mit wem, wenn sie seine What-
sapp-Nachrichten liest, während er schläft. Die Teenagerbezie-
hungen, von denen die Jugendlichen träumen, all das, was die

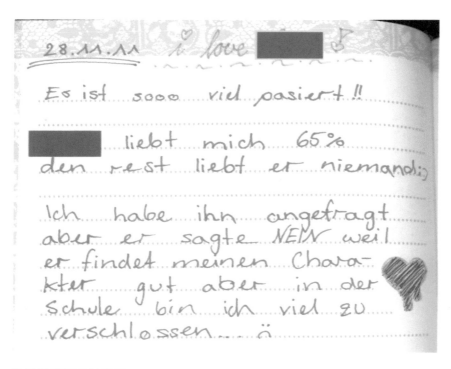

28.11.11 i love ▮▮▮ ♪

Es ist soooo viel pasiert !!

▮▮▮ liebt mich 65%
den rest liebt er niemand.ง

Ich habe ihn angefragt
aber er sagte NEIN weil
er findet meinen Chara-
kter gut aber in der
Schule bin ich viel zu
verschlossen... ö

29.11.11

▮▮▮ hat mich
heute
angefragt !!
Ich habe ja gesagt !
Wir sind zusammen !!
Ich liebe ihn soooooooo !!!!!

<3 <3 <3 <3
<3 ▮▮▮ ♡

40

Medien präsentieren, ist ohne den richtigen Schnitt und die passende Musik plötzlich ganz anders als erwartet. Perspektivenwechsel.

Ich bin neunzehn und blättere durch Stephanie Meyers Buch «Twilight», die Liebesgeschichte meiner Generation. Obschon ich das Buch damals gehasst habe, gelesen habe ich es trotzdem – und beeinflusst hat es mich wohl auch. Der Plot ist löchrig, Vampire, Werwölfe und Todesgefahren sind nur eine Dekoration für die Liebesgeschichte, wie im echten Leben, und die Liebesgeschichte das ultimative Abenteuer. Bella zieht in eine neue Ortschaft, ihr Jugendfreund Jacob gesteht ihr seine Liebe und sie weiss nicht, wie sie damit umgehen soll, liebt ihn nicht zurück, alles ist grau und gleich und es regnet oft, dann tritt Edward ins Bild und plötzlich wird das Wetter nie wieder als neblig beschrieben. Beide Jungs kämpfen um dasselbe Mädchen und diese Hartnäckigkeit wird als ultimativer Liebesbeweis dargestellt: Obschon Bella Jacob immer wieder klar sagt, dass sie ihn nur freundschaftlich liebt, gibt er nicht auf:

«[Jacob] laughed. ‹I forgive you. Just try not to get too mad at me. Because I recently decided that I'm not giving up. There really is something irresistible about a lost cause.›
‹Jacob.› I stared into his dark eyes, trying to make him take me seriously. ‹I love [Edward], Jacob. He's my whole life.›
‹You love me, too› he reminded me. He held up his hand when I started to protest. ‹Not the same way, I know. But he's not your whole life, either. Maybe he was once, but he left. […]›
I shook my head. ‹You're impossible.› Suddenly, he was serious. He took my chin in his hand, holding it firmly so that I couldn't look away from his intent gaze. ‹Until your heart stops beating,

Bella,› he said. ‹I'll be here — fighting. Don't forget that you

Jungs sind wie Kaugummi,
süss und leicht um den
Finger zu wickeln. ♡ ̈

have options.›» (Meyer 2007, S. 330)

Ähnlich romantisch wird Edwards Obsession mit Bella präsentiert: Er bricht nachts in ihr Zimmer ein und sieht ihr beim Schlafen zu, er verfolgt sie, versucht wortwörtlich ihre Gedanken zu lesen. Sie ist sein Alles, die Grundlage seines Lebens, «I love you», sagt er ihr immer wieder, «you're my only reason to stay alive», «you are my life». Die Liebesgeschichte in der «Twilight»-Serie repräsentiert auf allen Ebenen das Beziehungsbild, das auch in allen anderen Medien wiedergegeben wird. Der eine, die eine, Liebe auf den ersten Blick, Seelenverwandte, über alle Leben verbunden, you light up my heart like nobody else, Zweisamkeit. Es gibt den Mann und die Frau, eins und eins, für immer, das Endziel, Treue, Romantik, komplette Hingabe, er und sie, Heteronormativität und Monogamie. Liebe als die universelle Lösung für alles. Haltlos und traurig und suchend klammern sich die Mädchen an dieser einen Hoffnung fest, an diesem einen Versprechen, das ihnen von den Medien immer wieder gemacht wird: Die Liebe kann dich retten. Die Jugend wird als eine einzige, lange Suche dargestellt, an deren Ende dann endlich die Person steht, mit der du endlich vollkommen bist, vollkommen glücklich, nie mehr einsam, der du alles geben kannst, die alles für dich ist, die dich erfüllt. «When everything's wrong, you make it right», singt Ellie Goulding in «I need your love» (2012),

«I'm addicted to you», sagt Britney Spears in «Toxic» (2003) und Selena Gomez wiederholt in ihrem Lied «The Heart Wants What it Wants» (2014):

«But then you disappear and make me wait
And every second's like torture
(...)
Baby, baby, no, I can't escape»

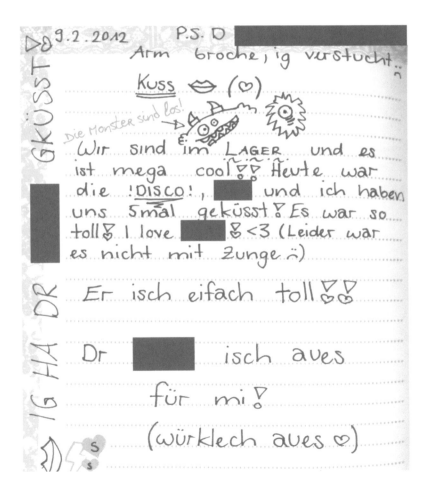

Ich kann nicht fliehen, ich bin süchtig nach dir, nur du machst alles richtig – die Liebe ist so unfassbar, dass sie eher wie Folter wirkt. Mit diesem Extrembild vor Augen üben sich die Jugendlichen mit Gleichaltrigen nicht mehr in Kommunikation, sie reflektieren ihre Wünsche und Gefühle nicht mehr richtig und haben Probleme, gesunde Beziehungen mit Befreundeten zu führen. «Liebe» wird plötzlich als quantitative Einheit gesehen, als etwas Messbares, wofür bestimme Kategorien erfüllt sein müssen und vorgegebene Regeln gelten.

Entgegen der Erwartungen löscht eine Liebesbeziehung aber nicht alle anderen Probleme aus, die Trauer ist immer noch da, der Stress, der Druck, oft reproduziert sie diese sogar: Bin ich gut genug für ihn, mag er mich noch, was kann ich tun, damit er bei mir bleibt, damit er zu mir kommt?

Romantik in der Oberstufe ist nicht Küssen im Regen, sondern Zettelchen-Schreiben und Liebesgeständnisse via WhatsApp oder Snapchat oder gar nicht. Die Informationen, wer auf wen

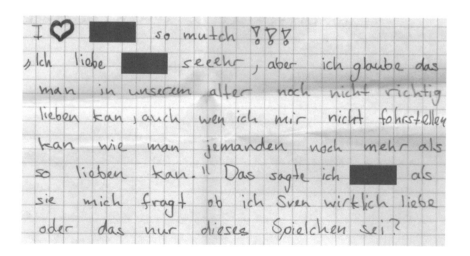

steht, werden ausgetauscht wie Sammelkarten, ich sag's dir, wenn du's mir sagst, und wer zwei passende Teilchen findet, der widmet sich der Aufgabe, sie zu verkuppeln. Was in Geschichten als Hingabe dargestellt wird, ist plötzlich Abhängigkeit, Anhänglichkeit, Angst, was wie Treue und romantische Eifersucht aussah, ist plötzlich Obsession und der Zwang, sexuelle Bedürfnisse zu unterdrücken und geheim zu halten. Das Beschützerische wird besitzgreifend. Auch in «Twilight» spricht Edward manchmal über Bella, als wäre sie ein Objekt, etwas, das er besitzt:

«Then [Edward] turned back to Jacob. ‹But if you ever bring her back damaged again — and I don't care whose fault it is; I don't care if she merely trips, or if a meteor falls out of the sky and hits her in the head— if you return her to me in less than the perfect condition that I left her in, you will be running with three legs. Do you understand that, mongrel?›» (Meyer 2009, S. 340)

You're mine and I'm yours, aber wollen wir einander wirklich besitzen, sperren wir uns damit nicht ein?
Your happiness is my happiness, aber wieso schränkst du mich dann ein, verbietest mir andere Beziehungen?
You're my number one, aber wieso brauchen wir diese Hierarchie überhaupt?

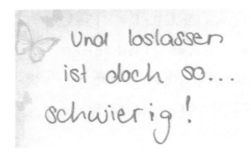

Und loslassen
ist doch so...
schwierig!

*Ich bin am boden zer-
stört (wie konnte er
mir nur so was an
tuen) Ich dachte er
Liebt mich !!!*

Und was passiert mit mir, wenn du plötzlich weg bist?
«I thought that being skinny was the answer to all my problems
I thought if you found me pretty then I'll be fine
I thought if you loved me I'd be a person
It's only if you wanted me but I have peace of mind»
(First aid kit, 2018)

Heartbreak

Oft haben meine Freundinnen mich damals nach Rat gefragt, wenn sie ihre Partner nicht verstanden, weil er nicht Klartext reden konnte oder wollte darüber, wie er sich wirklich fühlte. Oft habe ich ihnen diktiert, was sie ihm schreiben sollten, oder ihnen geholfen, zu entschlüsseln, was er wohl mit den Emojis gemeint haben könnte. Die Jungs im echten Leben werden zu Apathie erzogen: Sie können ihre Gefühle nicht ausdrücken, kennen die Worte dafür nicht. Die Mädchen trauen sich nicht, nachzufragen, die Jungs fragen gar nicht erst, und weil wir mit dreizehn auch gelernt haben, dass Verliebt-Sein Sex wollen heisst, gehört das Physische selbstverständlich dazu, Küssen und irgendwann mehr. Serafina hatte ihr erstes Mal mit vierzehn. «Ich mochte es, ihn zu küssen, mehr wollte ich nicht, aber er schon», sagt sie, «und ich hab mir eingeredet, dass ich es auch will, dass das halt zu einer

Beziehung dazu gehört. Wir waren ein halbes Jahr zusammen, als ich mit ihm geschlafen habe. Ich hab's in mein Tagebuch geschrieben, als hätte ich's gewollt, weil er mir so Druck gemacht hat, dass ich's mir irgendwie eingeredet hab.» Sie schüttelt den Kopf, dann fügt sie hinzu: «Eine Woche später hat er Schluss gemacht.»

«Ich konnte nie sagen, dass ich das nicht will», erzählt mir auch

JORDI LABANDA

47

Ich bin seid dem 13.09
wieder Single. ▮▮▮ hat
mit mir Schlussgemacht, weil
er mich anscheinend nicht
mehr liebt!
Egal er ist eh ein dummes
Arschloch.

Ich füle mich unbeschreiblich miess &
weine jede Nacht.
▮▮▮ hasst mich
soooo...!

Why? I don't
wone love
him!
I can't understand
Amor!!
i hate Amor!

48

Alice, «aber während das alles passiert ist, wurde mir schlecht, ich hätte kotzen können. Ich hab bis heute Probleme mit Sex – wir haben damals nicht gewartet, bis ich Lust hatte oder so, wir haben einfach tonnenweise Gleitgel benutzt.» Schon mit ihrem ersten Freund hat sie dauernd versucht, perfekt zu sein, hat die schöne Frau gespielt, die den Typen verführt, und sich dabei stark gefühlt. Sie war ein Kontrollfreak, meint sie, jedes Haar musste weg sein, trotzdem hätte sie sich vor ihm nie ganz ausgezogen. Sie war das so gewohnt, hat nichts davon hinterfragt und das Verhalten komplett verinnerlicht, die Angst, nicht schön genug für ihn zu sein, nicht fügsam genug.

Und dann der Horror, wenn es vorbei ist, wenn er geht. Der Lebensmittelpunkt weg, verschwunden. Jeder geht irgendwann, lernen die Jugendlichen, ich werde nie gut genug sein, es gibt kein Vertrauen und ich habe den grössten Fehler meines Lebens gemacht, alles ist vorbei. Was jetzt?

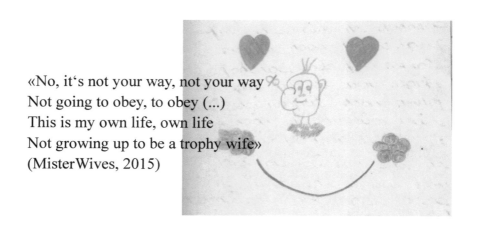

«No, it's not your way, not your way
Not going to obey, to obey (...)
This is my own life, own life
Not growing up to be a trophy wife»
(MisterWives, 2015)

Ich bin nicht lesbisch
und breche ein Versprechen.

Mit zwölf wollte ich nichts von Liebe wissen.

Ich konnte nicht mitreden und verstand nicht, worüber die anderen redeten, ich war nie verliebt und fragte mich oft, ob wohl etwas mit mir falsch sein könnte. «Vielleicht bist du lesbisch», witzelte meine Mutter manchmal und ich wurde jeweils wütend: «Nein, hör auf, stopp» und «ich mag einfach keinen so, lass mich in Ruhe». Meine Freundinnen glaubten oft, ich würde sie anlügen, wenn ich auf ihre Fragen antwortete, dass ich keinen der Jungs süss fand. Insgeheim fragte ich mich, ob ich wohl asexuell sein könnte, insgeheim entwickelte ich einen Hass auf das Konstrukt der Liebe, antagonisierte sie, verleugnete meine Gedanken und Gefühle, wann immer ich mich doch nach Liebe sehnte. Das brauch ich nie, versprach ich mir. Das werd ich nie wollen.

Mit zwölf verliebte sich Luna zum ersten Mal.

Er hiess Marco, war blond und schlank, so wie sie. Sie glaubte genau so an die Liebe, wie alle daran glaubten. In der ersten Woche der siebten Klasse fragte sie ihn, er war scheu, sie waren gut befreundet, willst du mit mir gehen, ja. Es war der 27. August, das Datum war noch Jahre später ihr Handyentsperrcode. Sie waren ein perfektes Paar, alle waren sich einig.

Dann machte er Schluss.

Es war der Dezember desselben Jahres und sie standen beide im leeren Schulhaus, alles ringhörig, die anderen draussen, grosse Pause. Er sagte ihr, dass es vorbei sei, sie rannte weg, Szene aus einem Liebesfilm, weinend bis nach Hause. Sie wollte nicht, dass er ihre Tränen sieht. Im Haus ihrer Eltern sah sie sich an und glaub-

Lieber alles verlieren und dich zu haben, als dich zu verlieren und alles haben.

Seltsam wie schnell aus deinem "für immer" ein "nie wieder" geworden ist.

_onebreath jetzt steh ich wieder alleine da.
verlassen von dir, aber alle schmerzen hast
du mir da gelassen. du dachtest ich könnte
ohne dich leben. ist aber nicht so. ohne dich
ist alles leer, wie tot. sag doch etwas, sag
endlich wie fest du mich vermisst hast. aber
das wirst du nie verstehen. ich will deine
hand doch jedoch nicht mehr länger halten.
ich probiere loszulassen, aber ich kann
nicht. wie rauch zieht die hoffnung in den
himmel. wie rauch verschwindet sie.
einfangen kann ich sie schonlange nicht
mehr. sag doch etwas. sag wie viel ich dir
bedeutet habe. oder ob ich dir jemals etwas
bedeutet habe, unerträglich dieser gedanke,
denn ich habe dir mein ganzes leben in die
hände gegeben. doch du hast alles auf den
boden geschmissen. inklusive mein herz.
kapputt vom drauf rumtrampeln. sag doch
etwas, sag wie sehr es dir leid tut.
doch ich werde deine entschuldigung nicht
annehmen. du sollst genauso leiden wie ich.
und so sage ich. aufnimmerwiedersehen. -

„Man liebt jemanden,
der einen nicht
zurück lieben kann,
weil unerwiederte
Liebe viel besser zu
überstehen ist als
Liebe, die zuerst
erwiedert wurde und
dann nicht mehr."

Zuerst hast du meinen
Verstand genommen, dann
mein Herz, danach mein
Vertrauen und zum
Schluss meinen Mut.

Ich ritze mich
verletze mich.
Nun für IHN
Doch ihm ist
es egal?
-Er intressiert
sich nicht
für mich
warum auch
ich dann...
noch
Leben
er ist ein Arsch
Aber ich LIEBE IHN
Es ist wie
eine Achterbahn
zuerst ging es
ein bisschen
hoch doch
schnell wieder
runter. Doch
dann ging es
immer weiter
hoch und die
Aussicht war
bestens. Plötzlich
ohne dass man
es erwartet geht
es steil runter und
alles bricht zusammen

te zu wissen, dass alles ihre Schuld war, dass sie nicht gut genug für ihn gewesen sein musste, sie war wütend, versuchte, sich zu schneiden, wusste nicht womit, es blutete nicht, nur rosa Streifen. Die Trennung machte sie kaputt – Marco war ihr Lebensmittelpunkt gewesen. In den Weihnachtsferien teilten sich die Eltern die Zeit mit den Kindern zum ersten Mal auf, wegen der Trennung, mit Marco hatte sie ihre Vertrauensperson verloren, sie sprach mit niemandem darüber. «Ich hab keine Gefühle mehr für dich, aber wir bleiben befreundet, ja», hatte er damals gesagt, «wir bleiben in Kontakt, okay», jetzt ignorierte er sie, sagte nicht mehr Hallo auf dem Gang. Diesmal schnitt Luna sich mit dem Rasierer, wusste nicht, wie sie die Klinge rausnehmen musste, diesmal war da Blut, rot und echt. Das war das zweite Mal.

«Wo war das?», frage ich sie. «Hier», sagt sie und zeigt mir die helle, weiche Unterseite ihres linken Unterarms. Die Narben sind weggeheilt.

In der Schule ging sie von da an oft auf die Toilette, sperrte sich in einer der Kabinen ein und weinte. Ihre Freundinnen fragten, was los war, bis sie ihnen gestand, was sie getan hatte. «Sprich mit ihm drüber, dann wird alles besser», sagten sie ihr, also sprach sie mit ihm drüber und er hörte zu, «mach das nicht mehr», tröstete er, «du kannst ja mit mir reden». Den Arm zeigte sie ihm nicht. Nach dem Gespräch ignorierte er sie wieder und sie hörte nicht auf, zu weinen, und nichts wurde besser, alles wurde schlimmer.
Ein paar Tage später standen im Klassenzimmer alle um sie herum. «Zeig doch mal deine Arme, was ist denn da?», lachte ein Junge, ein Freund von Marco. «Ich will nicht, ich –», sagte sie, dann rannte sie weg, wieder. «An dem Punkt», sagt sie mir, «wusste ich, dass er mich verraten hatte. Er hatte allen erzählt, dass ich nur so

tu, als ob ich mich ritzen würde, für die Aufmerksamkeit.» Kurz darauf sagten ihre Freundinnen ihr, das sie nichts mehr mit ihr zu tun haben wollten.

Dass sich Marco entschuldigte, nachdem sie ihm die Schnitte zeigte, den Beweis, änderte nichts mehr – es war zu spät. Sie hatte ihm all ihr Vertrauen geschenkt und er hatte es weggeworfen. Zuhause war alles kaputt, in der Schule wichen alle ihr aus. Sie schnitt sich oft und weinte noch öfter, ihre Eltern waren mit sich selbst beschäftigt, wohl fühlte sie sich nirgends. Auf den Gängen schauten die Jugendlichen ihr nach und flüsterten. Im Mai wechselte sie in ein neues Schulhaus. Ihre Eltern reagierten kaum.

«Ich bin vorsichtig geworden, was ich anderen erzähle, nach Marco – ich hatte kein Vertrauen mehr», sagt Luna, als ich sie danach frage, «in der Achten hatte ich dann wieder einen Freund, der mir schnell gesagt hat, dass er mich liebt, und ich dachte noch dauernd an Marco, aber die Ablenkung war gut und ich habe mir selber nicht mehr vertraut – ich hab nur noch auf die anderen gehört, und als die mir zum Beispiel gesagt haben, nach ein paar Wochen, ich solle mich von meinem neuen Freund trennen, hab ich das dann sofort getan.» In der neuen Klasse fand sie schliesslich irgendwann eine neue Gruppe, sozial zu unterst, färbte sich ihr Haar, trug weitere Kleider, fand sich selbst, endlich, wechselte nach der achten Klasse in ein Gymnasium und ins Internat, weg von den Eltern, weg von der Stadt. 2015.

«Und dann – ja», sagt Luna, «den Rest kennst du ja.»
«Ja», sage ich, «den Rest kenn ich.»

Mit fünfzehn verliebte ich mich.

Muss immer an dich denken. Das Mitgefühl kannst du dir jetzt schenken. Wir waren ein perfektes Paar. Alles war so wunderbar. Du hast mir immer zugehört, warst immer für mich da. Doch jetzt hat es aufgehört. Hast mir das Herz gebrochen. Komme nie wieder zurückgekrochen. Alles brennt in mir. Gefühle werden zu Asche. Nur wegen dir.

Lange weigerte ich mich, bestand darauf, dass das Gefühl wohl Einbildung sein musste. Ich sah die ungesunden Muster, die sich die anderen aus meiner neuen Klasse vom Gymnasium in ihren ersten Beziehungen angewöhnt hatten, und bemitleidete sie für die Klischees, die sie nicht los wurden – aber gleichzeitig war auch ich in einer Idee gefangen, die ich mir in der Oberstufe eingeredet hatte: dass Liebe immer so sein würde wie in den Filmen, Drama und Stress und dann das traurige Ende. Also versprach ich mir, auszuweichen. Genau so, wie viele dem Mythos der Liebe nachrannten, beschloss ich, mich umzudrehen und in die andere Richtung zu laufen.

Ein halbes Jahr, nachdem ich Luna am Begrüssungsevent des Internats kennengelernt hatte, standen wir in einem der neu renovierten Badezimmer im unteren Wohnkomplex und ich schnitt ihr die langen Haare ab, rosa Strähnen im Lavabo vor uns und eine Dompteuse in meiner rechten Hand. Sie war meine beste Freundin geworden. Ich strich über den blonden Flaum, der auf ihrer blassen Kopfhaut übrig geblieben war, und sagte: «Sieht gut aus.» Und sie sagte «cool» und zwei Tage später küssten wir uns und ich brach mein Versprechen.

Alle, mit denen ich darüber spreche, haben sich entweder in das Konzept der Liebe hineingesteigert, hineingezwungen oder es von Anfang an mit Hass abgelehnt. Beides hat negative Auswirkungen, beide Erfahrungen lassen sich später nicht wieder löschen. Es dauert lange, die toxischen Ideen, die wir damals internalisiert haben, wieder abzubauen und wer sich nicht aktiv damit beschäftigt, wird das Klischeebeziehungsbild zwischen der überemotionalen Frau und dem starken Mann oft nie wieder los. Als ich meiner Mutter erzählte, dass ich in einer Beziehung bin, hat sie sich gefreut, sie war immer eine Romantikerin, und erst als ich anfügte, dass Luna ein Mädchen ist, hörte sie auf zu lächeln .Nicht, weil sie die gleichgeschlechtliche Liebe störte, sondern weil sie nicht wollte, dass ich leide. «Du machst dir immer alles so schwer», sagte sie damals, «ist dein Leben nicht schon schwer genug?»

«Jetzt, viel später», erzählt mir Luna, «hat mich die Erfahrung mit Marco sehr viel ehrlicher und offener gemacht, was Beziehungen angeht, aber das habe ich auch durch dich gelernt, mit dir zusammen. Ich glaube, dass ich mir selber jetzt mehr vertraue und auf meine Bedürfnisse hören möchte, was ich damals gar nicht gemacht hab. Das wurde uns ja auch so beigebracht – du sollst deinen Partner oder deine Partnerin anbeten, es soll nur um die andere Person gehen.»

Mit Luna lernte ich schnell, dass sich das Zusammensein mit einem Partner oder einer Partnerin nicht wie eine Pflicht anfühlen musste, das wir uns die Regeln einer gesunden Beziehung selbst setzen können, statt diejenigen der Gesellschaft fraglos anzunehmen. Ich war fast überrascht, als all das, wovor ich mich gefürchtet hatte, nicht eintraf: kein Stress, keine Geheimnisse, keine Einschränkungen, kein Streit. Wir mussten kaum aktiv gegen die Bilder, welche uns jahrelang eingebläut worden waren, vorgehen, sondern wehrten uns fast automatisch dagegen. Ich weiss nicht, wieso wir es damals geschafft haben, von den Klischees loszukommen – vielleicht weil wir schon vorher beste Freundinnen gewesen waren, weil unser Umfeld uns zu nichts gedrängt hat, weil wir beide als Mädchen gelesen wurden und Aussenstehende unsere Beziehung sowieso nicht ernst nahmen oder einordnen konnten. Vielleicht war es Zufall oder Glück, dass wir uns in dieselbe Richtung entwickelten, jede Entscheidung gemeinsam neu treffen konnten, ohne uns je zu streiten, Monogamie, Polygamie, Konsens, aber es war wohl auch Arbeit, ein Umgewöhnen, ein Offensein, ein Miteinander-Reden.

Die Nahbeziehung mit Luna führe ich, während ich diese Arbeit schreibe, immer noch. Die Vorstellung, dass sie enden könnte, macht mir keine Angst – es kann nicht passieren, dass wir im Streit auseinandergehen, wir lügen uns nicht an, wir verbieten uns nichts. Es kann passieren, dass wir uns auseinanderleben, dass sie mich nicht mehr sehen will oder ich sie, und das würde mich verletzen, aber nicht zerstören. Ich bin nicht von ihr als Einzelperson abhängig. Eine Beziehung führe ich schliesslich zu jedem Menschen und jedem Ding in meinem Leben und jede dieser Beziehungen ist individuell, manche sind körperlicher als andere, manche regelmässiger, manche familiärer. Diejenigen, die für mich am zentralsten sind, nenne ich Nahbeziehungen, die Nahbeziehung zu Luna, die Nahbeziehung zu Loris und zu Rea. Ich liebe sie, aber ich liebe auch meine Eltern, meine Geschwister, die Katze zu Hause, die Bücher, die ich lese.

Loris sitzt neben mir im Rasen und macht eine Zeichnung für seine Maturaarbeit. Das Sonnenlicht wirft die Schatten der Bäume in wilden Mustern aufs Gras, auf Loris' Schultern und die Blätter und Bücher zwischen uns.

«Willst du noch was zu unserer Beziehung sagen?», frage ich, »oder etwas zu Beziehungen allgemein? Etwas, was ich noch aufschreiben soll?»

«Ja, warte», sagt Loris, zieht das Buch «Zu Lieben» von Lann Hornscheidt aus einem Stapel, schlägt es auf und liest vor: «Vorstellung von Liebe als Objekt, Substanz, von Romantik und Sehnsucht auf andere geworfen aufzugeben und stattdessen sich langsam anzunähern an Lieben als ein eigenes Handeln, ganz unabhängig von dem, was andere machen oder nicht. Liebe als Haben zu verlassen – Liebe als Seinsform beginnen zu leben.»

«Langsamer», sage ich, «sonst kann ich nicht mitschreiben.»

« – unabhängig von dem, was andere machen oder nicht. Liebe als Haben zu verlassen – Liebe als Haben zu verlassen, Liebe als Seinsform beginnen zu leben.»

«Seite?»

«39.»

«Danke.»

«Und du?»

«Ich?»

«Was sagst du dazu? Zu Beziehungen?»

«Oh. Das selbe wie du, glaube ich. Und dass ich mir wünsche, alle könnten darüber nachdenken und sich bewusst entscheiden, wie sie mit wem Zeit verbringen wollen, wie sie sich labeln möchten, was für Regeln sie brauchen, meine ich.»

Loris nickt langsam und legt den Stift weg. «Ja. Eine Liebesbeziehung zu zweit und mit der Regel, dass beide nur miteinander schlafen, kann ja je nach Mensch auch passen, nur – nur sollte das nicht einfach der Standard sein, den alle, ohne darüber zu reden, übernehmen.»

«Ja.»

«Schreibst du das auch auf?»

«Ja.»

«Schön.»

4. Beliebt sein

[_____] diese
dumme Kuh ver-
mieste mir bei [___]
der Heimfahrt den
ganzen Tag.
„Sie erklährte mir
dass sie wieder
in [____] Verliebt sei
° Warum ausgerechnet.
in !meinen! Freund !°
Ich bin so wütend „
auf sie ! Warum!.

Verräterin, Blöde Kuh, Freund klauerin, usw.

Fake Friends

Ich war fünfzehn, als ich am Gymnasium in meiner neuen Klasse Serafina kennenlernte. Serafina war nett und es gab nichts an ihr, was nicht zu mögen war. Ich mochte sie nicht. Sie schien genau das zu sein, was ich hinter mir lassen wollte: das Bild eines perfekten Mädchens, lange Haare und grosse Augen und ein symmetrisch-schönes Gesicht, empathisch und sympathisch und nie zu laut oder zu leise, natürlich und intelligent und musikalisch und kreativ. Ich redete mir ein, dass ich sie bemitleidete – ihre Durchschnittlichkeit, ihre Angepasstheit. In Wahrheit war ich wohl neidisch.

Jetzt sitzt sie neben mir auf der kalten Treppe, die Tagebücher auf ihrem Schoss. Die Tür zum Klassenzimmer ist geschlossen. Sie zögert.
«Du musst sie mir nicht zeigen, wenn du nicht willst», sage ich.

«Nein, nein. Ich will…», meint sie, «es ist nur… keine Ahnung.»
Ich zögere, dann antworte ich: «sie sind alle gleich, auf eine seltsa-me Art. Die Tagebücher, meine ich. Und keins davon ist peinlich. Wir hatten alle ähnliche Gedanken und Probleme und Sorgen. Und jetzt sind wir wieder anders. Also – ich weiss, das du nicht mehr so bist, wie das da drin steht, meine ich.»
Sie sieht mich an und reicht mir eines der Hefte, rosa und aussen aus Plastik. «Das ist das erste», erklärt sie, «da war ich noch jün-ger, ich weiss nicht, ob du das brauchen kannst. So sieben bis elf. Da steht auch nicht so viel drin.»

Dann gibt sie mir das zweite Tagebuch. Es ist ein Ringheft.
«Das hier ist viel schlimmer. Das ist echt schlimm.» Ich blättere durch die Seiten.
«Willst du mir erzählen, wie das war?», frage ich. Die Tür zum Klassenzimmer geht auf und Stimmen werden laut und jemand kommt nach draussen, verschwindet den Gang entlang, lässt die Tür hinter sich offen stehen. Serafina steht auf und schliesst sie wieder und öffnet das Tagebuch, blättert durch die linierten Seiten und zeigt auf die Einträge.
«Da steht ich mit dreizehn, aber das, was hier steht, beschreibt nicht mich mit dreizehn, sondern das, was ich mit dreizehn sein wollte», sagt sie und zeigt auf die Seite, auf der sie sich selbst be-schrieben hat. Name, Aussehen, Hobbys: Lesen und Schwimmen, obschon sie, wie sie jetzt sagt, damals gar nicht wirklich gerne ge-lesen hat. Farbig, fröhlich, lässig. «In der Siebten hab ich gelernt, mich anzupassen. Ich hab gelernt, wie ein Mädchen halt sein soll – und dann war ich so», erzählt Serafina, «ich war so und wurde akzeptiert und gemocht. Und dann wusste ich plötzlich nicht mehr, wer ich bin.»

Ich mit 13 Jahren:

Name:
Adresse:
Ort:
Hobbys: Geige spielen, Tanzen
(Hip Hop + Ballett), Reiten,
Zeichnen, Lesen ...

Mein Aussehen:

> Braune Haare (lang)
> Braune Augen
> etwas gebräunte Haut
> ca. 1.58 m
> ca. 47 kg
> Kleidergrösse XS - S
> Schuhgrösse 39-40

Look:

> farbig, fröhlich, lässig,

Meine Hobbys:

> Lesen
> Zeichnen
> Basteln
> Reiten
> Tanzen
> Geige spielen
> Musik hören
> Filme schauen
> Mode entwerfen
> Reisen
> Schwimmen

Irgendwann sind wir Freundinnen geworden, Serafina und ich. Ich kann mich nicht erinnern, wann ich gemerkt habe, dass sie sich schon lange nicht mehr anpasst, dass sie jetzt, gerade weil sie sich damals so gefügt hat, dafür kämpfen muss, sich selber zu finden.
Der Preis für eine Entscheidung, die sie nie bewusst getroffen hat. Wir passen uns dem Idealbild an, nicht, weil wir dessen Werte und Stereotypen teilen, sondern vor allem, weil wir nicht anders können, weil wir nichts anderes kennen. Wir folgen, meist eher unterbewusst, einem einfachen, menschlichen Bedürfnis: Aufmerksamkeit. Und weil uns die Medien ein Bild von Normalität vermitteln und uns die Gesellschaft von Anfang an xenophob erzieht, wird uns schnell klar: Wer nicht dem Ideal entspricht, der wird ausgestossen. Und je perfekter wir sind, desto mehr mögen uns die Gleichaltrigen, desto mehr sehen sie uns an.

Beliebt sein, das heisst, Freundinnen haben, Liebesbeziehungen, auf Instagram Komplimente kriegen und auf Facebook Likes. Später heisst es, Karriere zu machen, Geld zu haben, eine glückliche Ehe.

Die Gruppoh:

▓▓▓▓▓ = Mit ihnen macht es spass aber sie beleidigen mich.

▓▓▓▓▓ : Mit ihnen ist es langweilig aber man kann ihnen über seine Probleme mitsprechen.

64

Heute Morgen war es sehr lustig! zuerst habe ich mich zu tode gelangnweilt, aber dan bin ich an ein Pult bei den beliebten gesesen

Beliebt sein, das heisst, beneidet werden, angesehen werden, begehrt werden. Beliebt sein, das heisst, nicht zuerst anzurufen, überall dabei zu sein.

Meine Mutter sagt mir, dass sie das schon, als sie jung war, so empfunden hat. «Manchmal war das schon so eine bestimmte Art von Sehnsucht, zu den Coolen zu gehören, obwohl wir ja gespürt haben, dass wir nicht wirklich so wären», erzählt sie.

Susanne und Luna haben beide die Oberstufe in Bern besucht, aber in verschiedenen Schulhäusern. Dieses Netz, diese Hierarchien, sagen sie, hat sich über die ganze Region gezogen. «An jeder Schule gab es die Beliebten und dann, in der ganzen Stadt, die Beliebten von den Beliebten – und rundherum waren die Opfer.»
«Weisst du noch, Gil…?»
«Oh Fuck, ja, das hab ich ganz vergessen. Die Allerbeliebtesten von allen Schulhäusern, das war so eine Clique – die haben alle Breakdance gemacht und dieser Typ, Gil, der war ihr Anführer. Der hat Bern regiert.»
Susanne schüttelt den Kopf. «Das war echt, echt krass», sagt sie, «es gab wirklich so diese Bitch–Elite, entweder du passt dich an, bist angezogen wie sie, entsprichst halt genau diesem Ideal, oder du bist ein Opfer.»
Ich frage sie, ob sie denken, dass es denen, die in der Hierarchie

oben waren, gut dabei ging. Susanne zuckt mit den Schultern. «Ich denke, der Druck ist einfach immens, der Druck, dass du rausfliegst.» Luna ergänzt: «Ich glaube, du musst halt sozial total aware sein. Schauen, mit wem du was machst, mit Social Media richtig umgehen, die richtigen Leute taggen, richtig aussehen. Ob es denen dabei besser ging als uns anderen? Keine Ahnung.»

Wer es nicht schafft, zur den Beliebten zu gehören, der sucht sich eine andere Gruppe, um das Bedürfnis zu befriedigen, das noch viel grundlegender ist als der Drang, beneidet zu werden: ein Gefühl von Zugehörigkeit. Gerade jetzt, wo wir weder in die Kategorie der Kinder noch in die der Erwachsenen passen, wollen wir, ob bewusst oder unbewusst, irgendwo dabei sein, wollen, dass uns zugehört wird, wollen, dass unser Umfeld uns hilft, unsere Identität zu definieren. In den meisten psychologisch-wissenschaftlichen Texten, die ich lese, werden die Freundschaftsgruppen, die sich nach diesen Mustern bilden, als «Peergroups» bezeichnet. Die Clique als Lebensmittelpunkt. Auch später, im Erwachsenenalter, brauchen wir als Menschen und soziale Kreaturen andere, um uns wohl zu fühlen. Bekannte, Befreundete, die uns unterstützen, für uns da und uns nah sind, auf die wir vertrauen können – schon in der Oberstufe erlernen wir das Bedürfniss, uns denjenigen anzunähern, die ähnlich wie wir selbst sind oder von anderen als ähnlich eingeordnet werden. «Homophilie» heisst das in der Sozialwissenschaft (vgl. Cohen 1977), «gleich und gleich gesellt sich gern», in Einklang mit dem, was uns die Medien beibringen: Jeder Mensch lässt sich in Schubladen einteilen.

Es ist wahr, dass es dieses Kategorisieren gibt, sagen die Leute, mit denen ich rede. Und: «Ich dachte, die High-School-Filme übertreiben, und dann war alles plötzlich echt.» Wie in Hollywood, wie in den Büchern, wie in den amerikanischen Serien, wie im Intro von ‹Mean Girls› [Mark Waters, 2004]. Und nichts scheint sich geändert zu haben.

«Where you sit in the cafeteria is crucial because you got everybody there. You got your freshmen, ROTC Guys, preps, JV jocks, Asian nerds, cool Asians, varsity jocks, unfriendly Black hotties, girls who eat their feelings, girls who don't eat anything, desperate wannabes, burnouts, sexually active band geeks, the greatest people you will ever meet, and the worst.»

In den meisten Klassen war die Aufteilung ähnlich: zuerst die Gruppe der «coolen Mädchen», die Gruppe der «coolen Jungs», manchmal, selten, gemischt. Hier wollen alle hingehören. Dann der Rest: die «uncoolen Mädchen», unsichtbar, die «uncoolen Jungs». Zuletzt ein paar Opfer, eine Person oder zwei oder drei, irgendwie anders, irgendwie Zielscheibe. Es gibt ein Unten und ein Oben, ein klares, unausgesprochenes Kastensystem, und zwischen allen herrscht diese Spannung. Das Spiel der gesellschaftlichen Klassen, auf Kindergrösse reduziert: direkter, brutaler, wichtiger. Die meisten positionieren sich selbst automatisch, kennen ihren Platz.

«Ich und meine beste Freundin waren die einzigen Nicht-Weissen unserer Klasse und haben alles zusammen gemacht», erzählt mir Sumaya, «wir gehörten deshalb automatisch zusammen.» Kim sagt: «Ich war halt nur der Nerd», Anna und Loris meinen: «Streberin, halt». Rosa sagt: «Ich war total beliebt, alle mochten mich, irgendwie». Wanja und ich waren in unseren Klassen jeweils nur «die, die halt gut zeichnen kann», Lila und Phillip waren «die Schwulen» und «die Opfer», Michael war «der Klassenclown», Luna stieg von «die Freundin des beliebten Jungen» stufenweise bis nach unten.

67

Lieber getäuscht aus enttäuscht

«I can't fake another smile
I can't fake like I'm alright
Ooh, ah (ooh, ah)
And I won't say I'm feeling fine»
(Grande, 2018)

Manche fühlen sich in ihrer Rolle wohl, manche nicht, aber irgendwie spielen doch alle mehr oder weniger mit. Wer aus dem Rahmen fällt, rutscht automatisch immer weiter nach unten. «Wenn ich jetzt so zurückdenke», sagt Wanja, «dann bereu ich's, dass ich mich von so vielen Leuten hab beeinflussen lassen, ich hab nur noch zugestimmt und keine eigene Meinung mehr gehabt. Ich hab mich komplett selber verloren.»

Es geht ums Anpassen, ums Verstecken. Meist waren es nicht direkt Lügen, die wir als Jugendliche ausgetauscht haben – es war das Verschweigen der Wahrheit. Obskure Interessen verstecken, unkonventionelle Gedanken nicht aussprechen, kritischen Themen ausweichen. Ich habe damals nur selten gemerkt, dass ich mich für die anderen verändert habe – mein Umfeld hat mich langsam verformt, bestimmte Züge in mir hervorgehoben, Charaktereigenschaften verstärkt oder vermindert ohne mein Wissen, ohne meine Zustimmung. Wir haben schliesslich nie gelernt, uns aktiv selbst zu reflektieren, uns Gedanken darüber zu machen, wer wir sein wollen. Also waren wir einfach «fake». Das Wort «fake» fällt oft in den Gesprächen, die ich führe. Alle waren so fake, alle trugen eine Maske. Unter allen Instagrambildern stand dasselbe: «You can fake a smile, but you can't fake your feelings.» «Head up, stay strong.»

«Sick of crying, tired of trying, yeah, I am smiling but inside I'm dying.» Alle haben miteinander darüber geredet, wie schlimm es ist, dieses Fake-Sein, und die meisten waren es trotzdem. Als Thematik, die uns als Jugendliche beschäftigt, haben auch die Medien das Thema des So-Tun-als-ob aufgegriffen – ich kann mich erinnern, dass, als ich dreizehn war, ein Film aktuell war, der genau das thematisierte: In «High School Musical» (2006) werden die Hauptcharaktere Troy und Gabriella damit konfrontiert, dass sie die Liebe zu Musik und Tanz als Mitglieder ihrer jeweiligen Gruppierungen – Troy als «Jock» und Star des Basketballteams und Gabriella als «Brainiac» und Streberin – nicht ausleben können, weil ihr Umfeld ihnen befiehlt, sie müssen sich für eine Richtung entscheiden. «Bleib bei dem, was du kennst und was zu dir passt», singen die Teenager in der Cafeteria in der Hälfte des Films:

«Stick to the stuff you know
If you want to be cool, follow one simple rule
Don't mess with the flow, no no […]
Stick to the stuff you know
It is better by far to keep things as they are
Don't mess with the flow, no»

Der Film nimmt schliesslich die erwartete Wende – Troy und Gabriella halten Händchen und alle gestehen ihre geheimen, ungewöhnlichen Hobbys und wissen, dass es okay ist, anders zu sein.

«Skaterdude: ‹Alright, if Troy wants to be a singer, then I'm comin' clean: I play cello!›
Dude 1: ‹Awesome!›»

Und obwohl damals alle mitgesungen haben und Poster von Zac

Efron über ihre Betten pinnten, haben sie weiter geschauspielert. Viel hat sich nicht verändert: Auch neue Serien sprechen Gruppendynamiken und falsches Lächeln an, auch die nächste Generation fühlt sich einsam und allein und in Muster gezwungen.

«Rita schwieg und schaute ihnen zu, ihren Mündern und ihren Worten. Seit sie ihre Lügen gezählt hatte, versuchte sie auch die der anderen hinter ihren Händen zu finden, doch sie ging leer aus, mehr noch, verstand kaum, worüber sie sprachen, wieso. Ob sie wirklich ehrlich waren oder doch nur gut spielten? Besser als sie. Geborene Akteure. Filmstars. [...] Plötzlich sah sie aus wie eine Puppe, ihre Mitschülerin. Barbie und Ken. Sie war aus Plastik und Rita war aus Lehm. Und immer noch grotesk, ja, aber nicht grotesker als die Schaufensterfigur ihr gegenüber. Wilder und ferner und irrationaler. Die Wurzel aus zwei.»
(Alle selben anderen, unveröffentlichtes Manuskript, S. 28)

Pascale erklärt mir, wie sie in ihrer Ideologie eigentlich schon lange eine andere Position eingenommen hatte, sich aber trotzdem noch Kleider im Chicorée kaufte und sich um ihr Aussehen kümmerte, geprägt vom Ideal und von ihrer Mutter, die ihr beibrachte, nur geschminkt nach draußen zu gehen. In ihrer Freundesgruppe wollte sie einfach nur dazugehören, den anderen das Wasser reichen können. Die Unsicherheit wurde hinter einer Fassade versteckt, die sie bis heute nicht ganz ablegen kann. Und keiner hat's bemerkt. «Die eine, super-beliebte unserer Klasse hatte damals schrecklich Depressionen», meint auch Susanne, «sie hat deswegen irgendwann die Schule abgebrochen – und wir haben das alle nicht bemerkt, waren total geschockt davon. Wir haben uns halt nicht offenbart und die ganze Zeit weitergespielt. Dinge getan, die wir vielleicht gar nicht wollten.»

Luna erzählt von einer Situation, in der sie sich sogar bewusst war, was sie tat, wie sie gegen ihren Willen handelte. «Ich war damals mit einem Jungen zusammen, Oskar, mit dem mich unsere Freunde und Freundinnen verkuppelt hatten», fängt sie an, «er war nett. Verena, meine BFF, hatte ihren Freund damals schon mal mit Zunge geküsst. Auf dem Weg nach Hause vom Theater hat sie plötzlich vorgeschlagen, wir könnten noch meinen Freund, also Oskar, besuchen, der in der Nähe wohnte, und alle fanden das gut. Verenas Freund, der beste Freund von Oskar, war auch dabei und eine ganze Gruppe anderer.»

«Wie viele?», frage ich und sie zuckt mit den Schultern und schätzt: «Vielleicht so fünf oder sechs.»

«Und dann?»

«Wir – also, wir standen alle im Gang vor seiner Wohnung und ich habe die Klingel gedrückt und ein paar Sekunden später hat Oskar aufgemacht und seinen Bro begrüsst, den Freund von Verena, und der hat ihm was ins Ohr geflüstert und ich konnte nicht hören, was. Das weiss ich noch so genau, wie er Oskar da was zugeflüstert hat, weil ich mich gefragt hab, wieso. Dann ist Oskar zu mir gekommen und hat mich kurz geküsst, Hallo gesagt. Und dann meinte Verena: ‹Lasst uns ein Foto für Instagram machen!› Oskar und ich haben uns vor die Eingangstür gestellt und die ganzen anderen standen wie ein Publikum auf der Treppe und Verena hat das Handy gehalten und immer wieder gesagt, wie süss das jetzt wird, und ihr Freund war neben ihr und hat nichts gesagt, aber gelacht. ‹Auf drei küsst ihr euch und ich fotografiere›, hiess es und ‹eins, zwei, drei›. Ich hatte Oskar schon oft geküsst, so kurz auf den Mund, aber jetzt hat er mir plötzlich seine Zunge in den Hals gesteckt – und mir ist sofort klar geworden, dass das abgemacht war, verstehst du, das Verenas Freund ihm zugeflüstert hat, er soll das machen, er soll mich mit Zunge küssen, genau dann, wenn Verena fotografiert, und es war mir – es war so unangenehm, mir ist fast übel geworden, aber ich habe mich nicht bewegt und einfach mitgemacht, weil ich wusste, dass das jetzt wichtig ist.»

Dann zeigt sie mir das entstandene Bild, mit Instagram-Filter und auf Fotopapier ausgedruckt:

«Romantisch, nicht?»

Ab und zu, sagt Luna auch, hat sie später versucht, sich weniger anzupassen, mal was anderes anzuziehen, sich anders zu verhalten. Aber wenn sie ihre Freundinnen flüstern gehört hat, hat sie immer sofort wieder damit aufgehört. Manchmal verzweifelte Luna fast, wusste nicht mehr, was sie tun oder anziehen sollte, um gemocht zu werden, hoffte, dass alles wieder sein würde wie früher, als sie zu Kolleginnen nach Hause gegangen war.

«Das hat mich am meisten verwirrt», sagt sie, «wenn wir zu zweit waren und immer noch so fake getan haben. Ich dachte immer, ok, in der Schule verstellen sich alle für alle, aber wenn wir allein sind, wieso tun wir's dann immer noch? Bei manchen Kolleginnen war das auch nicht so. Aber bei einigen schon. Ich glaube, das waren die, die sich der ganzen Schauspielerei nicht so bewusst waren.»

Patrizia erzählt mir Ähnliches: «Mit manchen Jungs konnte ich zu zweit Minecraft spielen und beste Freunde sein», sagt sie, «nur um dann in der Schule ignoriert zu werden.» Pascale meint, dass sie sogar ihren Eltern gegenüber gespielt hat – andere konnten wenigstens zu Hause loslassen. Viele merken den Unterschied gar nicht bewusst, finden das alles im Nachhinein schwer nachzuvollziehen, auch Kim sagt: «Ich hab's nicht mal gemerkt. Ich dachte, das ist das, was ich will, das ist das, was ich jetzt cool finde.»

Mir ging es ähnlich. Ich erinnere mich an einen Tag, an dem ich mit meiner Mutter und meinem Bruder an die Fasnacht ins Dorf gefahren bin, wo ich dann meine Freundinnen getroffen habe. Als es Zeit war, nach Hause zu gehen, begleiteten meine Kolleginnen mich zurück zu meiner Familie, wir verabschiedeten uns voneinander. Ich wandte mich wieder meiner Mutter zu, Konfetti und Farbspray in den Haaren, und ich weiss noch, wie sie mich ansah, wartete, bis meine Freundinnen in eine andere Strasse verschwunden waren, und dann sagte: «Du bist ganz anders mit ihnen, als wenn du mit uns bist, zu Hause.»
«Was? Stimmt gar nicht», gab ich zurück, laut, um den Umzug zu übertönen, die Guggenmusik, etwas zu laut, aus Frustration.
«Verstellst du dich?», fragte sie mich zweifelnd, mein Bruder krähte zum dritten Mal «können wir jetzt gehen, ich will nach Hause».
Sie nahm ihn an der Hand, wir gingen los in Richtung Parkplatz und ich sagte: «Wovon redest du überhaupt?» Ich lief ein bisschen schneller als sie, damit sie mein Gesicht nicht sehen konnte. «Ich verstell mich nicht – du verstehst das nicht, ich – ich hab vielleicht mehr Seiten, als du kennst, okay?» Dann rüttelte ich am Autogriff, bis meine Mutter aufschloss, und knallte die Tür hinter mir zu, be-

endete damit das Gespräch. Ich dachte später noch oft daran, was sie gesagt hatte. Wie im Buch «Zu Lieben» formuliert:

«Gewaltvolle(n) Strukturen, die mich immer wieder in bestimmte Rollen zwängen, mich zurichten, mich zuschreiben in einer durchgängigen Weise, dass ich es irgendwann glaube, dass ich irgendwann gar keine anderen Deutungen wahrnehmen kann – und dann anfange, mich abzuwerten oder mich gar zu hassen, mich abzulehnen, mich unter Druck zu setzen, mich verändern und anpassen zu wollen, um reinzupassen […]» (Hornscheidt 2018, S. 29)

Und, vor allem, immer wieder:

«Lieber getäuscht werden, sich selbst täuschen, als ent_täuscht zu sein. Verlassensängste» (Hornscheidt 2018, S. 209)

Ich gebe mir mühe
Versuche die Erwartungen der Welt
zu erfüllen
nrd genau das klaut mir mein
Leben
ich lebe unter ständigem Druck
nein ich lebe nicht ich kämpfe
Ich bin die beste der Klasse
doch noch immer nicht gut genug

Stop crying start working

Ich habe immer gern Neues gelernt und bin nie gern zur Schule gegangen.

Als ich am Anfang dieser Arbeit stand, sah ich die Schule nur als eines von unzähligen Elementen im Chaos des Erwachsenwerdens, ein weiterer Druck, ein weiterer Faktor wie viele. Tatsächlich ist die Schule wohl mehr als das: Sie ist das Zentrum unserer Jugend. Nirgends verbringen wir mehr Zeit, ohne eine freie Entscheidung darüber zu haben, was wir tun, nirgends sammeln sich so viele verschiedene Gleichaltrige, nirgends werden wir so direkt mit sozialen Strukturen konfrontiert. Freunde und Freundinnen sind hier, Feinde und Feindinnen, Ängste und Hoffnungen, alles kommt zusammen, unausweichlich, Elterngespräche und Lehrpersonengespräche und Streit und Zukunftspläne und Körpervergleiche. Spätestens in der siebten Klasse fangen wohl die meisten Jugendlichen an, diese allgegenwärtige Struktur zu hinterfragen – aber diese Kritik ist schon fast Teil der Routine.

«The criticism offered by the child itself upon the prevailing system of instruction, is the most simple, direct and at the same time, the critic is utterly unconscious of its force. Who has not heard a child say, in that fretted whine characteristic of a creature who knows its protest will be ineffective: ‹But what do I have to learn that for?› […] ‹My teacher's a mean old thing; she expects you to sit quiet the whole morning, and if you just make the least little noise, she keeps you in at recess. Why do we have to keep still so long? What good does it do?›» (de Cleyre 1914, S. 322 f.)

Die Antwort der Lehrpersonen ist meist die selbe: «Das brauchst du für den Test, der ist für die Zeugnisnote, die Zeugnisnote ist für eine Lehrstelle, eine Lehrstelle ist für einen Job, ein Job ist für Geld. Wenn du älter wirst, verstehst du das vielleicht irgendwann, wir wollen nur das Beste für dich.» Die Schule nervt, die Schule ist unnötig, alle hassen die Schule, so ist das nunmal. Die Inhalte interessieren uns nicht, aber wir müssen, das ist ja obligatorisch, die Eltern schicken uns hin und eine Wahl haben wir nicht. Wir sitzen die Stunden ab, legen Wert auf die sozialen Interaktionen, leben in den Pausen.

«‹Mathe hat heute wieder total genervt.›
‹Ich wünschte, es wären schon Sommerferien.›
‹Oder Frühlingsferien, wenigstens!›
Sie waren an der Kreuzung, an der sich ihre Wege jeweils trennten, stehen geblieben.
‹Ich hasse die Schule.›
‹Jeder hasst die Schule. Das ist nix Besonderes.›
Rita kniff sich in die weiche Haut an ihrem Unterarm. ‹Wieso gehen wir überhaupt hin?›
‹Wir müssen?›

‹Ich muss gar nichts. Ich kann tun und lassen, was ich will, nicht? Wieso verschwende ich so viel Zeit irgendwo, wo ich nicht mal was lerne?›

‹Rita, du spinnst schon wieder rum.›

‹Erklärt's mir!›

‹Bist du dumm?›

‹Du gehst in die Schule, damit du später einen Job kriegst, damit du arbeiten und Geld verdienen kannst...›

‹...damit du dir 'ne Wohnung und was zu essen und Ferien und später mal Kinder und ein Haus und einen Hund leisten kannst.›

‹Du kannst auch einfach reich heiraten, haha. Aber kein Mann nimmt dich, wenn du die Schule abbrichst. Also, heul nich' rum. Ist ja normal.›

‹Normal. Aber ich finde – ich finde, jeder sollte sich selbst finden und sein können und entscheiden...›

‹Ich meine – ja, okay? Aber an irgendwas musst du dich auch halten.›

‹Aber sonst, von mir aus. Be yourself, und so.›

(Alle selben anderen, unveröffentlichtes Manuskript S. 53)

Das Bildungssystem ist nicht darauf ausgerichtet, Teenagern Inhalte zu vermitteln, welche ihnen die Kommunikation untereinander erleichtern würden, ihnen das Formulieren und Austauschen von Bedürfnissen beizubringen, sondern dient dazu, sie an den Arbeitsalltag im Kapitalismus zu gewöhnen. Die Berufswahl wird in der achten Klasse ins Zentrum gestellt, Entscheidung nach Entscheidung, Wegkreuzung nach Wegkreuzung, bevor die Jugendlichen überhaupt wissen, wer sie sind. Im Alter von zwölf bis vierzehn wird den Kindern beigebracht, dass sie sich mit ihren zukünftigen Berufen identifizieren sollen. Du bist, was du arbeitest, du bist, wie du Geld verdienst. Wer sich dagegen sträubt oder Probleme hat, sich zu fügen, der wird bestraft oder ignoriert.

Das System funktioniert nur, wenn die Erziehenden den Jugendlichen nicht zuhören, die Beziehung von Autorität und Folgsamkeit aufrechterhalten, ihnen klarmachen, dass die Erwachsenen wissen, was sie tun. Statt «wer willst du sein?» heisst es «was willst du werden?», statt «was möchtest du?» heisst es «was kannst du kriegen?», statt den Teenagern beizubringen, wie sie mit den verwirrenden Veränderungen an ihren Körpern und in ihrem Sozialleben gesund umgehen könnten, wie sie sich aufs Erwachsensein mit Selbstreflexion oder wenigstens mit dem Ausfüllen der Steuererklärung vorbereiten können, lernen sie, wie Winkelsummen berechnet werden. Es werden abwesend Algebraformeln aufgelöst, mit gebrochenen Herzen Wortketten zusammengesetzt, Verzweiflung und Einsamkeit, während wir das Gérondif bilden, en pleurant. In «The social Importance of the Modern School» beschreibt Emma Goldman die Schule so:

«It is for the child what the prison is for the convict and the barracks for the soldier — a place where everything is being used to break the will of the child, and then to pound, knead, and shape it into a being utterly foreign to itself. I do not mean to say that this process is carried on consciously; it is but a part of a system which can maintain itself only through absolute discipline and uniformity; therein, I think, lies the greatest crime of present-day society.»

Das Bildungssystem wird ein weiteres Druckmittel, das die Jugendlichen einsperrt, Erwartungen an sie hat. Es bereitet sie tatsächlich aufs Erwachsenenleben vor: auf den Stress, der auf sie zukommt, auf die Unklarheiten und Hierarchien. Darauf, auf Bewertungen und Zahlen zu vertrauen, sich ja nicht zu wehren.

Der Druck erdrückt
Die Welt erwartet
Ich erzwinge
Ich versuche
Ich kämpfe
Es reicht nicht

«Achtet auf Schönschrift und Lehrpläne
Und dass sie die Bleistifte spitzen
Zeigt ihnen Bilder von Eichenblättern
Während sie drinnen
an Tischen sitzen
Und dann ackern und büffeln
und wieder auskotzen»
(Sarah Lesch, 2015)

«Grad so in der Sek», sagt Loris, «hatte ich kein Leben ausser der Schule, weil alle das halt als das Wichtigste behandelt haben, gut in der Schule zu sein. Ich hab nur noch Sachen dafür gemacht und das war auch total schlimm, keine Ahnung, und es war auch viel, ich wollte alles perfekt machen, habe kaum mehr geschlafen. Meine Eltern haben dann schon versucht, mir zu sagen, ich soll weniger für die Schule machen aber irgendwie fanden sie's dann doch besser, wenn ich gut war. Damals war das so krass – weil ich auch viel geweint hab und dachte, Scheisse, das ist so viel, und dieses Weinen hat dann auch Zeit gekostet und meine Eltern haben jeweils gesagt: ‹Mach doch einfach, statt Zeit damit zu verschwenden, zu sagen, wie schlimm es ist, dass du so viel machen musst!› Ins Gymnasium wollte ich auch nicht. Aber alle haben mir gesagt, ich soll. Also hab ich's gemacht.»
In mein neues, falsches Tagebuch schreibe ich:

18. August. 19
18. ~~....~~ 19

Die Schule!! Wieso!! ~~Heute war~~ ▮▮▮
~~Heute!~~ Gestern?? hab ich im Math geweint
weils mir nicht gut ging aber
Herr ▮▮▮ hat gesagt ich
muss trotzdem weitermachen..
▮▮▮ hat lang mit
ihm disskutiert und ich
hab auch versucht zu disskutieren
aber konnte nicht wirklich
weil ich so geweint
hab.
PS: per sport nervt Tschüss
auch weil zum RONJ ↑
wir waren Schwimmen und ich
wollte keinen Bikini tragen also ▮▮▮
▮▮▮ ohne hin und der lehrer hat mich gesagt
aber sich dann beider Schulleitung beschwert?

«Ja, es stimmt», hat die Mathematiklehrperson mir und Loris
schliesslich gesagt, als Antwort auf unsere Ausführungen, wieso
uns die Schule so sinnlos erscheint, «das System, in dem wir leben,
ist nicht ideal für den Menschen und es braucht fünfzehn Jahre
Schule, um die Kinder dazu zu bringen, sich anzupassen. Aber das
können wir jetzt nicht ändern. So ist es halt. Macht ihr jetzt eure
Aufgaben?» Damit hat sie das ganze Schulsystem, von der ersten
Klasse bis ins Gymnasium, ziemlich treffend zusammengefasst.

«Lucky for me it wasn't Brianna at my door, but my parents. Before I could say, ‹Come in›, they just kind of barged in, like they always do, which really irritated me, because this is supposed to be MY room!»
(Russell 2009, S. 20)

Eine der Schule ähnliche Institution ist die Familie. Von unseren Verwandten distanzieren wir uns als Jugendliche oft. Niemand trifft so viele Entscheidungen für uns und über uns wie unsere Eltern. Sie kontrollieren, was die Kinder anziehen, wo sie sind und mit wem, wann sie ins Bett gehen und aufstehen und was sie frühstücken, womit sie spielen, wie lang ihre Haare sind. Sie sind immer für uns da, ihre Präsenz ist oft selbstverständlich und ihr Einfluss riesig – und wenn wir plötzlich mitreden wollen, ist das für sie meist schwer.

«Meine Tochter ist vierzehn», sagt mir Céline, «wenn wir sonntags was unternehmen und ich auf die lustige Idee komme, sie mitnehmen zu wollen, dann sehe ich schon, dass da jetzt andere Bedürfnisse sind, aber trotzdem ist sie ja Teil der Familie.»
«Und dann zwingen Sie sie, mitzukommen?»
«Natürlich nicht. Ich versuche, das mit ihr zu besprechen und eine Balance zu finden, so, dass sie ihr Ding machen kann. Für die Eltern ist das auch schwer, auch eine Umstellung – es ist ja so, dass die Jugendlichen sich plötzlich verhalten wie ein Kind und dann wieder alles allein machen wollen. Wir wissen nicht, wie wir sie behandeln sollen. Das ist schwer, so als Mutter, zu wissen, dass das Kind jetzt einfach traurig ist oder schlechte Laune hat und das

27.8.12

Liebes Tagebuch

heute mosten wier für Glas-
vögel statoren
in den Wald 3 Steken
suchen gehen (als Hausaofgabe)
(Doch meine Motter wolte mich
nicht lassen und gab mir
½ 3 gasagte lange gerade
stecken dann sagte ich
dass sie nicht gesagt sein
durften und hat mich
auf den Hinter-Kopf
geschlagen und in mein
Zimmer geschikt. Was
Soll ich. tun? Ausreisen
oder in meinem
Zimmer bleiben und

weiter weinen
weil es so
weh tut.

dann zu akzeptieren, weil keiner was dafür kann. Eltern wollen immer Lösungen.»

Eltern wollen immer Lösungen, Eltern wollen nicht loslassen und behüten, können uns den Freiraum, den wir brauchen, manchmal nicht geben, wollen uns nah sein – und doch fällt es uns meist schwer, ihnen Vertrauen zu schenken, mit ihnen zu reden. Warum?

Meine Mutter erzählt mir, wie sie damit kämpfte, meine Grossmutter zu fragen, ob sie zum Frauenarzt durfte. Meine Grossmutter hatte strenge moralische Vorstellungen, sprach oft von Sünde, von Verruchtheit.
«Es gab keine Umarmungen», sagt meine Mutter mir über ihre Eltern, «und zum ersten und einzigen Mal nackt gesehen habe ich meine Mutter am Tag vor ihrem Tod.» Sie hat sich zu Hause nie zu Hause gefühlt, war auch mit neun Geschwistern noch allein. Sie hat sich für ihre Familie geschämt, dafür, dass sie so viele waren in einer Zeit, in der die Kleinfamilie gerade modern geworden war. Sie schämte sich für ihr dreckiges Haus und die Kleider, die sie von den Geschwistern nachtrug, dafür, dass das ganze Dorf sie kannte. «Da war auch ein gewisser Stolz, irgendwo», meint sie, «darauf, dass wir's trotzdem geschafft haben, auf den Erfolg meiner Geschwister, später. Sie waren ja trotz allem meine Familie, mein Zuhause, und das sind sie auch heute noch. Aber ich war schon immer anders – da war immer eine Distanz, die ich nicht überbrücken konnte, einfach, weil ich ich war und bin.»

Alice erzählt mir von ihren reichen Eltern, die ihr nur Materielles statt Liebe geben konnten, Geschenke, die sie nicht schätzen konnte, Kleider, die sie nie anzog. Alice sagt mir, dass sie ihnen vom Mobbing erst Jahre später erzählt hat. Damals, als es passierte, lag sie den ganzen Tag im Bett, weinte oder war schweigsam, trotzdem wurde sie nicht gefragt, was los ist. Luna war mit dreizehn, nach und während der Trennung ihrer Eltern, nur noch ungern daheim, die Streitereien und die gedrückte Stimmung belasteten sie. Elian erzählt mir, dass sie oft weggerannt ist, davon geträumt hat, einen Rucksack zu packen und nie wieder zu kommen. «Einmal», sagt sie, «bin ich gegangen, Unterhosen und Zwieback im Rucksack, und habe irgendwo eine Nacht lang in einer Garage geschlafen. Meine Eltern hatten am nächsten Morgen schon die Polizei gerufen.» Als Luna und Elian die Möglichkeit bekamen, im Internat zu wohnen statt zu Hause, haben sie sich beide sofort dafür entschieden – von vielen der anderen Jugendlichen aus dem Internat höre ich Ähnliches. Viele der Teenager aus dem Gymnasium, die zu Hause wohnen, sagen, dass das Internat ein Traum für sie wäre, ihre Eltern sie aber niemals gehen lassen würden. Sie können sich kaum vorstellen, so etwas überhaupt vorzuschlagen, ihre Bedürfnisse zu kommunizieren.

«Ich hab mit meinen Eltern nie über meine tieferen Gefühle geredet und tu's auch jetzt nicht», sagt Serafina, «weil ich – ich glaube einfach, sie verstehen mich nicht. Als in der siebten Klasse mein Freund mit mir Schluss gemacht hat, hat mir das so weh getan, aber ich hab meinen Eltern nichts davon gesagt, ich bin einfach zu einer Kollegin nach Hause und hab bei ihr zu Mittag gegessen und bei ihr geweint. Meine Mutter war dann so wütend auf mich, als sie das rausgefunden hat. ‹Ich bin deine Mutter›, hat sie mich angeschrien, ‹du solltest mir so Sachen sagen können› – aber sie hat ja auch nie mit mir über ihre Gefühle gesprochen.»
Ich frage: «Ist das jetzt anders? Jetzt, wo du erwachsen bist?»
«Ja. Interessanterweise schon. Ich meine – ich red mit ihnen immer noch über nichts Persönliches, weil ich mir das einfach so

angewöhnt hab, aber meine Mutter kommt jetzt plötzlich oft zu mir, redet stundenlang mit mir über die Probleme in der Beziehung zwischen ihr und meinem Vater...»

«Als wärst du ihre Psychologin.»

«Aber zu einer Psychologin würde sie niemals gehen. Dafür, sagt sie, ist die Familie da. Aber sie hört mir auch nicht zu, ich kann ihr nicht helfen. Wenn ich ihr irgendwas vorschlage oder Kritik an ihr anbringe, dann nimmt sie das sofort persönlich, schlägt mir die Tür vorm Gesicht zu. Sie denkt, ich schreibe ihr was vor, beleidige sie – dann sagt sie mir, wie egoistisch ich doch bin, und all das.»

«Oh», sage ich, «dasselbe hat mir Patrizia letztens auch erzählt. Genau dasselbe, mein ich.»

«Es kommt mir vor, als wäre das oft so, bei Eltern, aber ich verstehe nicht, woher das kommt. Meine Mutter sieht sich in einer Opferrolle, dauernd. Immer sind die anderen schuld.»

«Wenn ein Mensch so lange so etwas verinnerlicht hat – den Opfergedanken, zum Beispiel, oder all dieses Trauma, aus der Kindheit und der Jugend, von den Eltern – dann ist das sehr tief drin, glaub ich. Und wenn du deine Mutter dann irgendwie kritisierst oder zur Selbstreflexion bringen willst, dann berührst du vielleicht dieses riesige, unverarbeitete Ding in ihr, dieses Trauma, all das, was sie schon so lange unterdrückt...»

Serafina seufzt. «Ja», sagt sie, «das ist wohl schwer.»

«You know... a lot of kids at school hate their parents. Some of them got hit. And some of them got caught in the middle of wrong lives. Some of them were trophies for their parents to show the neighbors like ribbons or gold stars. And some of them just wanted to drink in peace.» (Chbosky 1999, S. 12)

Es besteht ein Machtgefüge.

Oft ist die Beziehung keine freundschaftliche, sondern eine hierarchische, das Kind ist abhängig und die Eltern machen ihm diese Abhängigkeit auch immer wieder bewusst: Du bist so undankbar, wieso folgst du nicht, weisst du nicht, was ich alles für dich getan habe? Dem Kind wird so beigebracht, dass es in der Schuld der Eltern steht – schliesslich haben sie es aufgezogen und versorgen es – und dass es diese Schuld nur begleichen kann, indem es die Erwartungen der Eltern erfüllt, sie liebt, alles mit ihnen teilt, sie im Alter pflegt und auch ja keine Erwartungen oder Forderungen im Gegenzug stellt.

In den Gesprächen merke ich, wie viel vom Leiden der Jugendlichen und der Erwachsenen, die aus ihnen geworden sind, ich auf die Familie zurückführen kann. Ein Kind schuldet seinen Eltern nichts dafür, dass sie es am Leben erhalten haben – in dem Moment, in dem eine oder mehrere Personen die bewusste Entscheidung treffen, ein Kind zu erziehen, hat bzw. haben sie sich auch dazu entschieden und verpflichtet, für dieses zu sorgen. Das Kind selber aber hat nicht danach gefragt, geboren zu werden. Dankbarkeit ist schön – dankbar sein für das Leben, für die Liebe der Familie, für Geburtstagsgeschenke und Briefe und Dasein – aber Schuld hat damit nichts zu tun. Eine Beziehung ist kein Tauschgeschäft bei dem Liebe, Gefühle, Gesten oder Dinge nur gegen Gleichwertiges abgegeben werden. Aber eine Beziehung ist auch keine Spendenkasse, bei der eine Partei ihre Gefühle resonanzlos bei der anderen abliefert. In der Hierarchie der Eltern-Kind-Beziehung passiert es oft, dass die Eltern vergessen, dass Vertrauen nicht einseitig ist. Sie erwarten, dass die Kinder mit ihren Gefühlen zu ihnen kommen, aber gehen mit ihren eigenen Gefühlen nicht zu den Kindern und zeigen so keine Wertschätzung gegenüber den Sichtweisen, die diese bieten könnten.

Natürlich wollen Eltern ihre Kinder schützen und nicht mit fremden Problemen belasten und es ist wichtig, ein Verhältnis zu finden, das für beide stimmt – Raum geben, Raum lassen. Aber oft geschieht es, dass Erziehungspersonen ihre Kinder, besonders im Teenageralter, nicht wie ihresgleichen behandeln, sondern als wären sie etwas ganz anderes. Als wären Jugendliche eine andere Spezies, ein Phänomen in sich. Oft habe ich Eltern miteinander reden gehört, die Augen rollen gesehen, typisch, du kennst das ja, Jugendliche, da können wir nichts machen, so sind sie halt. Probleme, Sorgen und Gefühlsausbrüche werden nicht in Gesprächen gelöst oder ergründet, sondern einfach mit der Standardausrede abgeschrieben: Teenager, Hormone, tja. Als ob nicht auch die Gefühle der Erwachsenen von Hormonen ausgelöst werden würden, als ob der Schmerz eines jüngeren Menschen weniger real wäre. Im Nachhinein haben viele der Leute, mit denen ich geredet habe, über ihre Tagebucheinträge gelacht. «Wie konnte ich nur so dramatisch sein!» «Unfassbar, dass ich so geweint hab, nur, weil ein Junge nicht mir gehen wollte.» «Fast lustig, wie schlimm das für mich war, nicht beliebt zu sein!» Tatsächlich scheinen diese Sorgen für Erwachsene, für Eltern, vielleicht lächerlich, aber der Schmerz, den die Jugendlichen fühlen und gefühlt haben, die Tränenspuren in den Tagebüchern, die Narben an den Armen, das alles ist echt – egal, wie unwichtig die Gründe scheinen.

Was wird Kindern und Teenagern beigebracht, wenn Eltern ihre Gefühle nicht ernst nehmen, nicht nach ihren Bedürfnissen fragen?

Was lernen sie, wenn die Eltern ihnen nichts von sich erzählen, wenn sie mit als «zu jung dafür» aus Gesprächen ausgeschlossen werden, keine Chance haben, ihre Ideen einzubringen?

Was internalisieren sie, wenn ihnen nichts zu- oder anvertraut wird, keine Verantwortung, keine Selbständigkeit, keine Meinung?

«Du kannst das noch nicht wissen.» «Das glaubst du jetzt, aber wenn du erwachsen wirst, ist es ganz anders, das verstehst du halt noch nicht.»

Wenn ich darüber schreibe, merke ich, wie offensichtlich es ist, dass auch diese Erwachsenen einmal Jugendliche waren, die nicht ernst genommen wurden. Die Mutter war eine Teenagerin, für die es selbstverständlich war, keinen Raum zu bekommen, dass Mütter mit ihren Kindern nichts von sich selber teilen. Der Vater ein Jugendlicher, für den Witze die einzige Antwort auf verwirrende Gefühle darstellten, Gemeinheiten der einzige Ausdruck von Nähe. Beide hatten damals wahrscheinlich dieselbe vertikale Beziehung zu ihren Eltern. So funktioniert das halt, schon immer.

Wird es so bleiben?

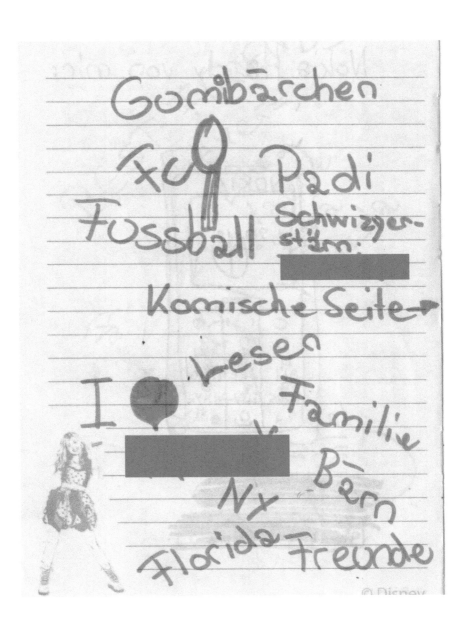

Gomibärchen

FC0 Padi

Fussball Schwizer-
stärm:
▇▇▇▇

Komische Seite➔

Lesen

I ● ▇▇▇▇ Familie

NY Bärn

Florida Freunde

5. Traurig sein

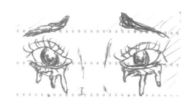

Minderwertikeisgefühle

Ich bin nichts, ich kann nichts. Mit den in den Medien präsentierten Standards mitzuhalten, ist unmöglich, und im Vergleich zu den Models auf den Plakaten sind plötzlich alle hässlich. Im Vergleich zu den Popstars alle unsympathisch, im Vergleich zu den Hauptfiguren in Film und Literatur sind wir anstrengend, allein, dumm, werden nie genug sein.

Obwohl ich weiss, dass wir uns alle irgendwie selber nicht so gut fanden, bin ich oft überrascht, wenn die Menschen mir sagen, wie unnütz sie sich gefühlt haben und wie viel von diesen Gefühlen auch heute noch präsent sind. «Ich hab mich für dumm gehalten», sagen auch Leute, von denen ich weiss, dass sie nur Bestnoten in der Schule geschrieben haben. «Ich fand mich unfassbar hässlich», gestehen auch diejenigen, die dem gesellschaftlichen Schönheitsideal äusserlich näher kamen als alle um sie herum. «Wie kann mich je jemand lieben», schreiben auch diejenigen in ihre Tagebücher, die in einer Beziehung waren. Es hat keinen rationalen Grund, dieses Sich-minderwertig-Fühlen, und es führt manche Jugendliche in Abwärtsspiralen, aus denen sie nicht mehr entkommen können. Echokammern, immer bessere Noten, immer mehr Bewunderung, immer schöner, immer dünner. Minderwertigkeitsgefühle werden zu aktivem Selbsthass, zu vielkehligen Stimmen in unseren Köpfen. In «Myko» schreibt Luna Darko die innere Stimme der Protagonistin genau so, wie viele von uns sie damals erlebt haben:

«Oh Pia, wir sind so schrecklich unbedeutend, ist dir das überhaupt klar? Über was du dir so Gedanken machst, zeigt schon, wie unangenehm wichtig du dich nimmst und wie gerne du dir selbst beim Denken zuhörst.» (Darko 2017, S. 23)

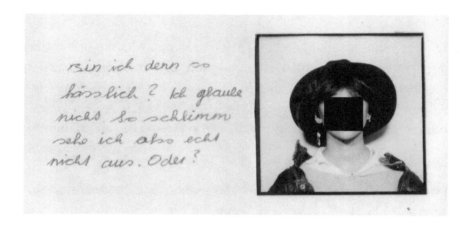

In den Gängen des Schulhauses und auf dem Pausenplatz sah ich damals in der Oberstufe manchmal Wanja, ein Mädchen aus meiner Parallelklasse. Sie war mir vor der Achten nie aufgefallen, jetzt starrte ich sie manchmal an, so, wie alle sie anstarrten. Ihre Hüft- und Schulterknochen standen scharf von ihr ab und das Fleisch um ihre Schlüsselbeine war so eingefallen, dass sich darüber Einbuchtungen bildeten. Ich stellte mir jeweils vor, wie sich darin kleine Seen bilden mussten, wenn sie duschte, fand, dass sie aussah wie ein hungriges Tier, die Glieder immer felliger und die Haut immer blasser und die Augen immer grösser und hohler, eine Karikatur – und doch war da auch die Stimme in mir, die sie schön fand, das helle Haar, die Zerbrechlichkeit, eine Porzellanfee. Ich sprach nie mit ihr, hörte den anderen aus meiner Klasse zu, wie sie über

Wanja redeten, und sagte selber nichts. Wie alle anderen sah ich sie nur aus der Ferne an, halb mit Schrecken, halb mit Bewunderung. Manchmal war sie plötzlich für ein paar Tage weg, dann erschien sie wieder, wie ein Geist.

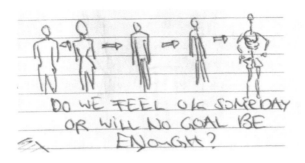

Jetzt hat Wanja einen Ehemann und einen Hund und eine Katze. Aus ihrer Wohnung in Norddeutschland schickt sie mir lange Sprachnachrichten, in denen sie mir das erzählt, was ich in der Oberstufe nur als Gerücht gehört habe.

Sie war in der Siebten ein bisschen pummeliger als die anderen Kinder, sagt sie. Daher kam das wohl. Zu Hause hatte sie keine Unterstützung, auch dort wurde ihr gesagt, sie sei dick, ihre Mutter wollte selbst dauernd abnehmen. Wanja dachte, sie könne nicht so sein, wie sie war. Obschon ihr nie direkt gesagt wurde, sie könne nicht mitmachen, weil sie so aussah, wie sie aussah, wusste sie, dass es so war – all die kleinen Kommentare, du siehst aus wie ein Junge, die Gesten, die Blicke, das hat gereicht. Irgendwann hatte sie genug, irgendwann war der Druck zu hoch. Wanja war in der achten Klasse, als sie anfing, abzunehmen. Und dann die Wende: Plötzlich sagte man ihr, sie sei hübsch. Plötzlich war sie wieder feminin, bekam Aufmerksamkeit, wurde bestaunt, plötzlich hörte sie Komplimente, Dinge, die ihr vorher nie passiert waren. Natürlich baute sie das auf, natürlich wurde sie noch dünner und noch dünner und noch dünner. Sie dachte, endlich das gefunden zu haben, was sie gut kann: abnehmen. Irgendwann schlugen die Komplimente dann um, irgendwann wurde «wow, hast du abgenommen?» zu «wow, du hast aber abgenommen» und dann zu «hey, du solltest aufhören, abzunehmen». »Und das», sagt Wanja langsam, «war das Schlimmste. Das war für mich – ich dachte dann halt so, Scheisse, ist das euer Ernst? Erst werd ich fertig gemacht, weil ich anscheinend so fett bin und aussseh wie ein Typ, dann nehm ich ab und alles ist schön und gut und dann fängt's an mit ‹du siehst aus wie 'ne Leiche, iss mal wieder, du bist krank›. Ich dachte, egal wie ich bin, nichts ist richtig. Ich hab mich abgegrenzt und nichts mehr mit denen gemacht, die mir aus gutem Willen dauernd Essen aufzwingen wollten. Ich hab mich nur noch mit diesem Nahrungsthema beschäftigt, mich komplett da reingesteigert, darauf fokussiert.» Irgendwann ging sie wöchentlich zum Hausarzt, war in psychiatrischer Behandlung, hatte täglich Nervenzusammenbrüche. Es fühlte sich an, erzählt sie, als wolle jeder über sie bestimmen. Die Anorexie nahm sie komplett ein, die Stimmen bauten sich Nester in ihrem Kopf, fühlten sich wohl und blieben, blieben lange und länger, verfolgten sie, wurden Teil von ihr. Und auch als sie schliesslich, endlich, weg waren, hinterliessen sie Spuren. So, wie alles Spuren auf uns hinterlässt.

Immer mehr und doch nie genug. Nie bin ich richtig, nie kann ich stimmen. Meine Schwester erzählt mir, dass sie nicht aufhören konnte, sich mit mir zu vergleichen, damals. Meine Noten waren nicht gut, aber besser als ihre, sie fand mich tiefgründiger und begabter. «Du hattest dein Ding», sagt sie mir, «du konntest zeichnen, du konntest diese Kunst-Sache und du warst nicht nur gut darin, du warst die Beste. Also war das dein Ding, dachte ich, und dann hab ich angefangen, mich zu fragen, was denn mein Ding ist, und da gab es nichts.» Sie glaubte, sie sei zu normal, zu durchschnittlich, sie fand sich dumm und langweilig, während ich sie für ihre Anpassungsfähigkeit beneidete, für ihre sympathische Art, für ihr Lächeln, für ihre entschiedene Zukunft, ihre Empathie und Liebe. Ich wünschte mir manchmal, wie sie zu sein, hübsch und nett und von allen gemocht und akzeptiert, einfach so. Den meisten Jugendlichen ging es so: Wir fühlten uns alle irgendwie nicht zugehörig, irgendwie anders, irgendwie nie richtig, egal, wie nah am angeblichen Perfektsein wir waren. Dieses Konzept verfolgt uns bis ins Erwachsenenleben: Wir wollen dazugehören, wir streben alle dasselbe gesellschaftliche Ideal an: schön, reich, geliebt. Ein gemeinsames Ziel, das uns als Individuen automatisch uniformiert – und doch fällt uns dieser Prozess schwer, der Mainstream fühlt sich falsch an, wir wollen trotz allem ein Unikat bleiben. Zu speziell und dann zu normal. Auch das hat sich das gesellschaftliche System, in dem wir leben, zu eigen gemacht: das Anderssein als weitere Kategorie, als Teil vom omnipräsenten Ideal. Sich nicht dem Durchschnitt fügen können oder wollen, wird als romantisch-ein-

Ich bin kein Engel,
nichts besonderes,
mache Fehler,
bin nicht perfekt,
nicht normal,
machmal verrückt,
Aber wenigstens bin ich, ich selbst.

95

same Schwarz-Weiss-Fotografie präsentiert, das starke Individuum, das sich in monochromen Massen trotz oder gerade wegen seines Andersseins behauptet, der Pfau zwischen den Spatzen, die Tulpe im gemeinen Gras. Kreiert und gepriesen wird eine Ästhetik der Abweichungen, blau-violett, be different, be unique. Setz ein Lächeln auf, trag die Maske, aber denk daran, dass du darunter anders bist, so, wie es die Sprüche auf Instagram vorschlagen, no one gets me, die gefilterten Fotos, #relatable, #sadteen, #NotLikeOtherGirls. Wieder ein Kategorie, wieder ein Label, wieder ein Schublade, das Anders-Sein. Wieder etwas, das vermarktet werden kann, schwarze T-Shirts mit «normal people scare me» und «I'm not weird, I'm limited edition».

Dieser Gedanke, dass keiner mein Leiden je verstehen würde, beruhigte auch mich mit dreizehn auf eine seltsame Weise, die mir selbst Angst machte. Ich war jung und glaubte nicht daran, dass ich jemals achtzehn werden würde. Ich bin normal, wiederholte ich und in eine Word-Datei, die nie jemand lesen würde, tippte ich: Ich bin anders, ich bin anders, ich bin anders. Wir klammern uns an diese Worte, jung und traurig, trösten uns damit, benutzen sie als Erklärung für die Einsamkeit, die uns verfolgt, ohne zu merken, dass wir uns schon wieder dem Strom fügen: Heart-Break, Social Awkwardness, @sadteens100 auf Instagram. Aber wenn ich weinte, sah ich nicht aus wie die Menschen auf den Pinterest-Bildern, wasserlösliche Wimperntusche auf wasserfestem Concealer, ich sah aus wie ich, nur röter, aufgeschwollener, Tränen und Rotz und Spucke und Schweiss. Ich versuchte, mich mit der Rolle der Einsamen zu identifizieren, der Anderen, der Unverstandenen, der Leidenden, der Schauspielenden. In der Schule passte ich mich an, versuchte unsichtbar zu sein, aber mir selber gegenüber versuchte ich, mich mit meinen negativen Gefühlen abzufinden, indem ich mich dem Tragischen fügte, den grauen Facebook-Bildern und We-Heart-It-Sprüchen, I'm so empty.

«hahaha ~ eigentlich geht's den meisten Menschen fucking fantastisch, du gehörst zu einer Minderheit an verkorksten Psychos und willst dir das gerade schönreden. Für normale Menschen bist du einfach nur eine verlorene Existenz [...], so deep, wow.» (Darko 2017, S. 23)

Die Medien repräsentieren psychische Krankheiten nur selten korrekt und Selbstheilung hat keine Chance, wenn wir uns die Dunkelheit immer wieder selber einreden, versuchen, sie anzupassen, so, dass sie gut aussieht, schwarze Seide, grau-neblige Landschaften, kursive Typographie. Die Schlüsse, zu denen ich kam, passten in keines der Klischees, die Gefühle, die ich wirklich hatte, waren nirgends gezeigt, die Situationen, in denen ich scheinbar wirklich anders war, nie irgendwo reproduziert.

Manchmal sagte ich etwas und die anderen aus meiner Klasse sahen mich mit hochgezogenen Augenbrauen an oder lachten gezwungen, Anna sagte: «psst» und «das ist peinlich», die anderen:

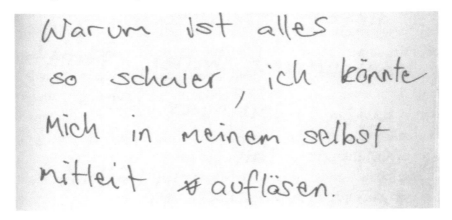

97

«spinnst du» oder nur «äh» und dann wusste ich, dass das wohl irgendwie falsch gewesen sein musste. Ich versuchte herauszufinden, welche soziale Konvention ich aus Versehen gebrochen hatte, war ich zu direkt, was habe ich wieder nicht oder falsch verstanden, welche Emotion hätte ich unausgesprochen verstehen sollen?

«Das mit dem – mit dem keine Empathie-Haben, oder wenig, das find ich nervig», sagt Elian. Es ist Mittwoch und wir sitzen in der Küche des Internats und essen Schokoladeneis, das wer anders im Tiefkühler vergessen hat. Elian trägt ein weisses Captain-America T-Shirt und zwei unterschiedliche Socken, so wie immer. «Das fällt mir am schwersten, glaub ich. Dir auch, oder?», fragt sie und bevor ich antworten kann, erzählt sie: «Ich dachte schon immer, ich wär anders, aber ich dachte, das denken alle. Dachte, keine Ahnung – meine Welt besteht halt aus Regeln und Zahlen und Mustern und so, ich kann nicht mehr tun, als mich auf alle Quellen zu beziehen, die ich hab – und damals – ich hab halt gedacht, alle denken so wie ich, aber handeln halt anders.»

«Wieso?»

«Was, wieso?»

«Wieso hast du das gedacht?»

«Keine Ahnung, weil ich nicht wusste, dass es sowas gibt wie – ich hab meine Eltern immer gefragt, ob ich denn irgendwie anders bin, aber die sagten immer: ‹Elian, du bist komplett normal, lass das›. Ich wusste gar nicht, dass es – ich dachte, egal was ich jetzt mache, irgendwann werd ich so wie alle anderen, hab einen Ehemann und Kinder und folge dieser typischen Laufbahn und alles… Ich wusste zum Beispiel schon, dass es Sachen wie schwule Menschen gibt, aber meine Eltern haben das immer so gesagt, als würden sie sagen ja, es gibt auch Menschen, die Insekten essen, aber nicht hier, nicht bei uns. Mit anderen Störungen war das auch so.»

«Und in der Schule war das nie Thema?», unterbreche ich sie, ich unterbreche sie oft und das tut mir leid, aber es scheint sie nie zu stören. Sie spricht sehr viel und sehr schnell und eigentlich mag ich Schokoladeneis gar nicht so gern, aber ich esse trotzdem weiter. Elian schüttelt den Kopf. Die rechte Seite ihrer Haare ist schwarz gefärbt, die linke blond und jetzt sind ein paar dunkle Strähnen auf die helle Seite gerutscht. Sie sagt: «Erst als ich hier ins Internat gekommen bin und dich und Luna kennengelernt hab, hab ich gemerkt, dass das alles gar nicht so fest vorbestimmt ist, wie ich dachte. Und als ich dann bei der Legasthenieabklärung war und dann irgendwann die Aspergerdiagnose gekriegt hab – ich glaube, das hat mir schon geholfen.»

«Inwiefern?»

«Dass wirklich was anders ist. Wenn's diagnostiziert ist, dann ist's irgendwie ok. Auch für die anderen.»

«Ich hab sie nicht gekriegt», sage ich ihr, «die Diagnose, mein ich.»

«Ich weiss», meint sie schulterzuckend.

«Also, neurodivers hat er gesagt, der Arzt, aber dass…»

«Ich weiss», unterbricht mich Elian, «er hat's mir erzählt, er sagt mir immer so, ach ja, Ronja war hier, das ist Ronjas nächster Termin, schau, dass Ronja ihn nicht verpasst, ja?»

«Hä, hat der nicht Schweigepflicht?»

Elian lacht nur.

«Sowieso egal», sage ich und ramme den Löffel ins übriggebliebene Eis, «ich werd nicht mehr hingehen.»

Jetzt haben wir beide aufgehört zu essen. Der Becher ist fast leer, aber nicht ganz.

«Machen wir das noch aus oder stellen wir's zurück?», fragt Elian.

«Wir stellen's zurück», sage ich.

Mit dir kann ich mich nicht sehen lassen

Mittags war ich während der Oberstufe oft in der Tagesschule im Keller des Primarschulhauses angemeldet. Ich sass am Tisch mit einer Handvoll anderen Kindern, niemand aus meiner Klasse, vor uns lauwarm das aus der Spitalmensa gelieferte Menü, ungesalzen. Die meisten um mich herum hätten zu Fuss nach Hause gehen können, wenn dort Eltern gewesen wären, die sich um sie hätten kümmern können, Zeit gehabt hätten. Oft waren hier die Problemkinder, die Realklassen. Im Gefüge der Oberstufen-Klassengesellschaft standen sie alle unter mir. Ich: neu. Ich: immer dienstags und freitags. Ich: allein aus der Sekundarstufe.

An meinem ersten Tag starrte ich auf die Holzmaserung des Tischs und schämte mich für meinen Status. Der Raum war noch fast leer, ich hoffte nur, nicht angesprochen zu werden von den Gemobbten, den Assis, den Gangstern. Hoffte nur, unsichtbar zu bleiben. Dann setzten sich zwei Teenager ungefragt und wortlos zu mir. Sie hatten meine Körpersprache ignoriert, meine verschränkten Arme, mein Schultern-Hochziehen. Sie sassen da und atmeten mir die Luft weg und starrten mich an. Ich wusste, wer sie waren, und ich wusste, dass sie nicht wussten, wer ich war. Auf meiner Stufe riefen die Jugendlichen dem Mädchen, das mir nun gegenübersass, manchmal dreckige Sachen nach. Es trug immer dasselbe T-Shirt, rosafarben und aus abgenutzter Baumwolle und gross wie ein Strandtuch, wie angegossen. Ich hatte in ihrem Décolleté sehen können, wie das überschüssige Fett von ihrem Bauch zwischen ihren Brüsten nach oben gedrückt wurde, als sie sich setzte. Sie hiess Mara. «Seht sie euch an, wie kann sie überhaupt gehen, die Fette.» Jetzt schaute ich ihr zum ersten Mal ins Gesicht, jetzt, wo sie hier sass und mich zwang. Ihre Augen waren gross und braun und schön, wie die eines Rehs. Den Menschen neben ihr kannte ich nur vom Sehen, aufgeschürfte Knöchel, ein zerrissener, dunkler Pullover, dreckig-blonde Stirnfransen wie mit einer Küchenschere geschnitten. Ich konnte keinen Namen zuordnen, nur einen Schemen, der in der Pause jeweils mit einem Klappmesser spielte, wenn die Lehrpersonen nicht hinsahen. Die beiden waren die, mit denen keiner gesehen werden wollte, stumm und ausdruckslos mir gegenüber, und ich hatte mich schon fast entschieden, möglichst ohne zu zittern den Tisch zu verlassen, da fingen sie beide an, zu lächeln. Mara und Noch-ohne-Namen, und Noch-ohne-Namens rechter Eckzahn war spitz und sass ein bisschen schräg. Mara liess beide Hände auf Tisch fallen, ihre Finger klein und dick und weich wie die eines Kindes. Sie sagte: «Hast du Lust, mit uns Karten zu spielen?»

Wir spielten jeden Dienstag. Hassten das Essen, lachten, warfen uns gegenseitig Reiskörner und Nudeln in die Wassergläser. Ich und Mara und Valentine. Valentine schnitt unsere Spaghetti mit einem Taschenmesser in kleine Stücke, Mara zeigte mir Musikvideos ihrer Lieblings-K-Pop-Bands, sie brachten mir jedes Spiel bei, das mit Jasskarten irgendwie spielbar ist, ich erklärte ihnen ihre Englischhausaufgaben. Um 13:20 Uhr betrat ich das Schulhaus jeweils wieder, ein paar Schritte hinter ihnen, und wir kannten uns nicht mehr. Ein ungeschriebenes Gesetz.

«Gewalt ist in der Tat die Folge unseres fehlenden Bewusstseins. Wenn wir uns klar darüber wären, was wirklich in uns vorgeht, wäre es uns eher möglich, unsere Stärke auszudrücken, ohne uns gegenseitig anz ifen. Ich glaube, dass ab dem Moment Gewalt ins Spiel kommt, wo wir unsere Kraft nicht dafür verwenden, schöpferisch tätig zu sein, sondern dafür, uns selbst und andren Zwänge aufzuerlegen.» (Hornscheidt 2018, S. 14)

Ausgrenzung ist eine Form von Gewalt, egal ob still oder mit Mobbing verbunden. Viele leiden unter dem Alleinsein: Die Ansprüche für soziale Inklusion sind hoch und wer sie nicht erfüllt, der wird ausgestossen. Wer wiederum mit den Ausgestossenen gesehen wird, der riskiert, selber zur Zielscheibe zu werden. Ich selbst war als Kind oft allein, aber wurde nie gehänselt – ich war zu dünn und zu weiss und konnte zu gut lügen, um gemobbt zu werden. Die Stimmen hinter meinem Rücken verschonten auch mich nicht, aber in meiner Freundinnengruppe in der Oberstufe gewöhnte ich mich irgendwann daran, dass über mich geredet wurde. Ich wusste, dass Jugendliche gemein sind, dass Mädchen auf ihre ganz eigene Art gemein sind. Wer weiblich erzogen wurde, hat schliesslich gelernt, nett zu sein, nie zu laut oder zu grob und nie gut genug, hat damit auch gelernt, im Geheimen über Social Media und instant messaging zu lästern, hinter langen Haaren über schmalen Schultern, Verrat, Geheimnisse, wusstest du schon. Gute Mine zum bösen Spiel. Mara ist so fett, Mara sieht so hässlich aus, wurde geflüstert, Gott, die Arme, wie kann sie sich überhaupt bewegen, wieso macht sie keinen Sport, wieso gibt sie sich keine Mühe, wieso holt sie sich keine Hilfe, wieso trägt sie nicht andere Kleider?

Die Jungs, männlich sozialisiert, waren anders: laut, direkt, wütend, grob. Während wir uns gegenseitig Gift in die rosafarbenen Plastiktrinkflaschen mischten, waren bei ihnen die Regeln simpler, unkomplizierter, wie es sich scheinbar gehört für den Mann: Wer nicht zuschlägt, wird geschlagen, und die anderen schauen zu. «Du fette Bitch», schrien sie Mara auf dem Schulhof zu, zeigten auf die Kühe, die auf der Viehweide vor der Turnhalle grasten, und auf die Presswurst mittags, «schaut Mal, das ist Mara». Schubsten sie, aber proklamierten laut, dass sie sie nicht in tausend Jahren anfassen wollen würden.

In meiner Klasse hiessen sie beide Fillip, die Zielscheiben, die Opfer, die Ausgestossenen. Fillip mit F und doppel L und Philip mit Ph. Ph mit breiten Schultern und breiten Hüften und einem weichen Gesicht. Doppel-L mit aschblondem, langem Haar und Bestnoten und einer Begabung für Elektronik. «Nerd» sagten die Jugendlichen zum einen, «Schwuchtel» zum anderen, scheiss Homo, dreckige Transe. «Philip ist ja schon noch nett», meinten die Mädchen und distanzierten sich von ihm. «Wenn Fillip mehr duschen würde, dann wären seine Haare auch nicht so fettig.» Schimpfworte oder Ausreden.

Pascale wurde von den Jungen ihrer Klasse gemobbt, weil sie sich als einziges Mädchen gegen deren Sexismus gewehrt hatte, erzählt sie mir. Lila war der einzige Schweizer seiner Klasse und zu feminin. Elian duschte zu selten und sprach zu viel, Dejangi und Laxi hatten dunkle Haut und betonten Wörter falsch, Andrea interessierte sich für Fantasy statt für Autos.

«Wenn du keine Freunde hast», erzählt Andrea mir, «dann liegst du nachts im Bett und planst, wie du welche kriegen kannst.»

Zusammen allein sein

Als ich dreizehn war, habe ich auch gelogen. Ich habe «es geht mir gut», gesagt, wenn es mir schlecht ging, und «sorry, ich kann nicht, meine Grossmutter ist zu Besuch», wenn ich niemanden treffen wollte. Ich führte Gespräche oberflächlich, fügte mich dem Strom, versuchte, so gut wie möglich im Hintergrund zu verschwinden. Ich weinte oft und redete nie darüber, wie ich mich fühlte, verstellte mich bewusst und unbewusst, fühlte mich allein, Lichtjahre von allen anderen entfernt. Manchmal versuchte ich, ob absichtlich oder nicht, einen halben Schritt nach draussen zu machen, sagte etwas, was nicht in den Rahmen passte. Sendete ein Signal aus, eine Aussage, aus der andere meinen Hilferuf hätten herauslesen können, die aber auch leicht abgetan und ignoriert werden konnte, keine Gefahr bot, wie ein Codewort. Im Nachhinein sehe ich, dass ich gehört werden wollte, ohne selbst zu hören. Wie oft habe ich mir gewünscht, dass irgendwer nachfragen würde, ohne dabei selber nachzufragen? Wie oft habe ich geantwortet, ohne wirklich zu antworten? Wir waren alle zusammen so allein. Ein Oxymoron.

In der achten Klasse wurde dann zum ersten und zum letzten Mal einer der Brotkrümel, die ich gestreut hatte, aufgehoben. Anna ging in meine Klasse und war wohl die erste Freundschaft in meinem Leben, die mir nicht einfach so passierte. Die erste, die ich nicht nur führte, um nicht allein sein zu müssen, sondern weil ich tatsächlich gern Zeit mit ihr verbrachte. Sie war zwei Köpfe grösser als ich, anständig, diszipliniert, aufmerksam, hatte ihr kastanienbraunes Haar immer in denselben kinnlangen Bob geschnitten, immer dieselben Fransen, dieselben Jeans. Sie brauchte immer ewig, bis sie ein Modell finden konnten, das nicht zu kurz für ihre langen Beine war. Ich kannte sie lange kaum, bis eine von uns eine Aussage machte und die andere sie aufgriff statt auszuweichen, bis wir unvermittelt ein Gespräch führten, ein richtiges. Plötzlich waren wir immer eine Zweiergruppe, waren im Sport ein Team, obschon ich viel schlechter war als sie, plötzlich waren wir beste Freundinnen, ein Begriff, den wir beide nicht mochten und nicht benutzten, obwohl wir wussten, dass er zutraf. Ich erinnere mich, wie ich von da an auch die anderen aus der Klasse mit verändertem Blick ansah, mich wunderte, was sie wohl versteckten, was sie wohl über den Ursprung des Universums dachten. Aber Anna blieb die einzige, die mir antwortete. Obwohl wir auch nur selten direkt über unsere Ängste und unseren Weltschmerz sprachen, verstanden wir uns, wussten, dass es uns gleich ging, dass wir eine Meinung teilten. Meine Selbstfindung förderte immer noch keiner, aber Anna tolerierte sie, also veränderte ich mich. Ich wurde ehrlicher und intelligenter und lauter. Ich widersprach den Lehrpersonen, wenn sie sexistisch waren, ich kaufte mir rote Winterschuhe und trug sie jeden Tag, obschon ich wusste, das die anderen sie hässlich fanden, ich sagte «ja», als Phillip mit Ph mich fragte, ob ich mit ihm zum Schülerball gehen wolle. Als ich dann ins Gymnasium ging und Anna in die Lehre, obschon ihre Schulnoten überragend und meine knapp genügend waren, schrieben wir uns noch monatelang, bevor wir den Kontakt zueinander verloren. Es lag wahrscheinlich an mir – weg vom Umfeld der Oberstufe, weg vom Dorf. In der Stadt färbte ich mir die Haare und malte Banner für Demonstrationen, sie ging mit den Leuten aus unserer alten Klasse aus, lächelte für die Patientinnen in der Arztpraxis, in der sie arbeitete. Ich war nicht achtsam genug, um auf sie einzugehen, sie mitzunehmen, ich dachte nicht darüber nach.

Jetzt bestellt Anna Kaffee mit normaler Milch und ich bestelle Chai-Tee mit Soja-Mandelmilch und leere ihr Zuckerpäckchen in meine Tasse, als ich sehe, dass sie den Latte Macchiato immer noch ungesüsst trinkt. Sie sieht gleich aus wie damals, aber ihre Haare sind länger und meine kürzer, wir haben uns seit drei Jahren nicht mehr gesehen.

«Ich wollte damals bloss niemandem in die Quere kommen», sagt sie mir. «Ich dachte immer, ich sei komisch, ich sei ein Problem, und so wurde ich von meinen Eltern auch behandelt oder so hat sich's angefühlt. Oft dachte ich, ich kann nichts.»
«Du warst immer Klassenbeste», werfe ich ein.
Sie zuckt mit den Schultern.
«Ich hab geglaubt, das sei Zufall. Und das ist jetzt immer noch so, dass ich mich fühle, als könnte ich nichts, keine Ahnung.»
«Oh.»
«Ich dachte auch immer, ich sei mega hässlich, und das denk ich manchmal immer noch, ich werd das nicht los. Ich dachte dauernd,

die anderen werten mich, dachte, die Jungs finden mich schrecklich und alle sprechen über mich hinter meinem Rücken. Eben, ich – ich wollte einfach nicht auffallen.»

«Hast du eine Ahnung, woher das kam? Damals?»

«Schwer zu sagen. Von allem, irgendwie – ich hab nächtelang geweint, ich bin einfach nicht klargekommen mit der Welt. Es war so komisch, manchmal war einfach alles blöd und ich konnte nichts dran ändern. In der Schule kamen dann alle zusammen und das schuf wieder neue Probleme.»

Ich löffle den Schaum von meinem Getränk in meinen Mund und zucke mit den Schultern. «Und alle fanden das halt normal», sage ich, «dass alles so schlimm war, mein ich. Darüber haben wir ja gar nicht geredet. Alle haben einfach weitergemacht.»

Sie lacht. «Weisst du noch, als alle angefangen haben, sich zu schminken, ausser wir? Ich war so verwirrt, wir waren doch erst vierzehn – es war immer dasselbe, entweder du lügst und machst mit oder du schliesst dich selber aus.»

Sie erzählt mir, was die anderen aus unserer Klasse jetzt machen, sie trifft sie immer noch, sie kennt sie immer noch. Die meisten sind in dem Dorf geblieben, in dem wir alle zur Schule gegangen sind, aber nicht alle. «Iris ist auch verschwunden», sagt Anna, «umgezogen, keine Ahnung wohin, und Celeste auch. Philip sehe ich noch ab und zu und Miro und Lars und mit Jara bin ich ja in der Lehre noch zur Schule gegangen.»

«Manchmal seh ich Kara noch im Bus», sage ich.

«Redet ihr miteinander?»

«Wir grüssen uns nicht einmal. Ich glaube, er erkennt mich nicht mehr.»

«Also hast du gar keinen Kontakt mehr. Zu niemandem.»

«Es hat mir gut getan, wegzugehen. Ein anderes Umfeld.»

Sie nickt und ich denke, dass es ihr vielleicht auch gut tun würde, gut getan hätte, hätte sie nicht die Lehrstelle im Dorf gewählt. Ich frage mich, ob sie dem Damals entfliehen kann, wenn sie den Menschen und Orten noch so nah ist. Dann zwinge ich mich, nicht mehr darüber nachzudenken, weil ich weiss, dass sie ihre eigenen Entscheidungen treffen kann, weil ich weiss, dass sie ihren Weg gehen wird und dahin kommen, wo sie hinwill. In der Achten dachte ich immer, sie würde irgendwann ein Heilmittel für Krebs finden oder einen Nobelpreis gewinnen. Jetzt sagt sie, dass sie eigentlich Biomedizin studieren möchte, irgendwann, und ich frage mich, ob sie vielleicht schon an der Uni wäre, wenn damals irgendwas anders gewesen wäre, aber ich weiss es nicht.

Wir reden fünf Stunden lang, dann begleite ich sie bis vor die Zahnmedizinpraxis. Ich muss immer noch nach oben sehen, wenn ich ihr in die Augen schauen will, und ich erinnere mich daran, wie ich in der Oberstufe immer zu ihr hochgeschaut habe, auf allen Ebenen, irgendwie, und ich sage «Danke» und sie sagt «Danke» und wir verabschieden uns.

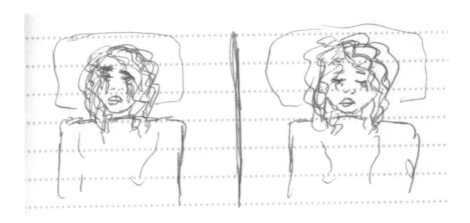

This world is so grey
but for ♥ colors there's
no space

«Du denkst zu viel. Merkst du nicht, wie dich das runterzieht? Kaum hast du an einem Gedanken festgehalten, beschwört er den nächsten herauf, und den nächsten, und den nächsten, und ehe du dich versiehst, ertrinkst du in diesem Sumpf von unbeantworteten Fragen.» (Darko 2017, S. 14)

Damals haben Anna und ich oft über die Welt gesprochen, über ein grosses Ganzes, was die anderen scheinbar nicht thematisieren wollten. Das Bedürfnis nach Aufmerksamkeit und Bestätigung und Freundschaften machte uns zu schaffen, aber auch das Bedürfnis nach etwas, was nicht in Worte zu fassen ist, nach etwas Grösserem, einem Sinn, einer Erklärung, einem Ziel. Später fragten mich Psychologinnen und Psychologen, Psychiaterinnen und Psychiater oft, was denn los sei. «Wieso bist du denn traurig, deine Noten sind doch okay und du hast eine Freundinnengruppe und wirst nicht gemobbt oder ausgelacht, du hast Talent und eine Familie, die dich liebt…?»

«Da war schon so ein Weltschmerz, damals», sagt Anna. «Ich konnte den Gedanken einfach nicht ertragen», erzählt Loris, «vom Leid, dass so viel davon da ist, so viel Universum. Ich konnte einfach nicht aufhören, nachzudenken, hab nichts anderes gemacht. Ich war nur in meinem Kopf, dauernd.»

Aus biologischer Sicht sind es die Hormone, die das Gefühlschaos auslösen, aber von den Menschen selbst erklärt, ist es das Erwachsenwerden, das Lernen, das Wissen. Wer nicht über Beliebtsein und über sein Aussehen und über seine Noten nachdenkt, für den ist es der Zustand der Welt, der plötzlich bewusst wird und weh tut: das Leiden, das Sterben, die Politik.

«Sie rannte nach Hause und konnte ihre Schritte nicht zählen. Der Mond stand hoch über ihr, unbeweglich und halb und desinteressiert, und sie erinnerte sich daran zurück, wie er auf langen Autofahrten in ihrer Kindheit jeweils dem Fahrzeug zu folgen schien, ein ewiger Freund, jemand, der zu ihr hielt. Sie wünschte sich, für immer dreizehn zu bleiben, die Körper der anderen zu vergessen, ihre Gesichter, all ihre Gedanken. Der Realität nicht gegenüberstehen zu müssen. Und doch hatte er Recht, der Fremde, und die Stimme in ihrem Kopf: So schnell sie auch lief, sie konnte nicht fliehen. Alles, was es gab, existierte, unaufhaltsam, und sie sah sich plötzlich wie von aussen, ein Zahnrad in einer hasserfüllten Maschine, die immer weiterlief, unerbittlich. Alles funktionierte, Menschen schliefen miteinander, töteten Tiere, gebaren und starben und assen, besassen, Menschen standen um 7:30 Uhr auf, um rechtzeitig den Bus ins Büro zu besteigen, litten, kontrollierten sich gegenseitig, vergasten, vergassen, Menschen tranken jeden Abend ein Glas Rotwein und weinten. Menschen versklavten, waren versklavt und verstiessen, vergifteten, stahlen, hänselten, quälten und waren gequält, bauten, kreierten, schaufelten Massen von Produkten hin, Ressourcen her, kochten und zerrten und zerdrückten und zerstörten. Alles geschah und niemand handelte gegen den Strom und hier war sie. Ein Vogel mit ölverklebten Flügeln, Müll, ein ungebrauchter Einwegrasierer auf seiner Reise vom Pelagial zum Meeresgrund. Sie sah, dass sie ihr Leben lang getäuscht worden war.» (Alle selben anderen, unveröffentlichtes Manuskript, S. 38)

Weil das Ideal nicht über die Last der leidenden Welt spricht, trauen wir uns kaum, mit befreundeten Jugendlichen darüber zu reden. «Stop crying, start buying», sagen die Medien, singt Kate Tempest in «Europe is Lost» und:

«But what about the oil spill?
Shh, no one likes a party pooping spoil sport
Massacres, massacres, massacres,
new shoes.»
(Tempest 2016)

Die Schule lässt auch solchen Gedanken keinen Raum. Im 21. Jahrhundert werden Kinder in eine Welt aus Krisen geboren, Klima, Flüchtende, Wirtschaft. Der Welthunger steigt, die Erwachsenen handeln nicht, die Zukunft ist ungewiss, aber im Unterricht wird nicht darüber gesprochen, was es heisst, privilegiert zu sein, in einem reichen Land zu leben, in einem System, das auf Ausbeutung basiert. Es wird nicht behandelt, wie wir mit den Problemen unserer Gesellschaft umgehen könnten, mit der Politik, mit der

Philosophie, den Fragen. Wohin mit dem Gefühl, nicht zu wissen, was richtig und was falsch ist, wohin mit dem Gedanken der Handlungsunfähigkeit und mit dem plötzlichen Drang nach Verständnis, nach tieferem Wissen, wer bin ich, wer kann ich sein? In «Sofies Welt» beschreibt Jostein Gaarder dieses Gefühl so:

«In der Schule fiel es ihr schwer, sich auf das zu konzentrieren, was der Lehrer sagte. Sofie fand plötzlich, er rede nur von unwichtigen Dingen. Warum sprach er nicht lieber darüber, was ein Mensch ist – oder was die Welt ist und wie sie entstehen konnte? Sie hatte ein Gefühl, das sie noch nie gehabt hatte: In der Schule und auch sonst überall beschäftigten die Leute sich mit mehr oder minder zufälligen Dingen. Aber es gab doch große und schwierige Fragen, deren Beantwortung wichtiger war als die üblichen Schulfächer. Hatte irgendwer Antworten auf solche Fragen? Sofie fand es jedenfalls wichtiger, darüber nachzudenken, als starke Verben zu büffeln.» (Gaarder 1991, S. 14)

Das Wort «Depression» kannte ich in der sechsten Klasse nur, weil meine Mutter mir meinen Gefühlszustand damit erklärt hatte. «Das hatte ich auch», hat sie damals gesagt, «das geht vorbei, und ist nur leicht, jetzt, bei dir», schwache Depression, Kinderdepression. Ich vergass es trotzdem nicht mehr, das Wort, ich dachte immer öfter daran, suchte auf dem langsamen Computer meiner Eltern danach, im Internet, und dann war es schliesslich jeden Tag da und jede Stunde und jede Minute: Depression. Mit zwölf weinte ich jeden Morgen in meine Cornflakes, auf den staubigen Autositz, in die Arme meiner Mutter, wenn sie mich in den Schulbus zwang, ich starrte mein Spiegelbild in der Fensterscheibe des Fahrzeugs an und hoffte, dass meine Augen nicht mehr glänzten, wenn ich ausstieg. Oft verliess ich den Unterricht, die anderen aus meiner

Klasse fragten nie nach. Meine Freundinnen erzählten mir von ihren Problemen, aber ich konnte mir nicht den Raum nehmen, über meine zu sprechen. Was hätte ich auch sagen sollen, waren sie doch scheinbar grundlos, meine Gefühle. Wie hätte ich ihnen erklären sollen, dass ich einfach traurig war, dauernd, dass mir alles weh tat, dass ich meinen Kopf nicht ausschalten konnte? Hätten sie das Wort verstanden, Depression, hätte es überhaupt geholfen? Was hätten sie damit verbunden, was hätte es für sie bedeutet? Damals dachte ich nie daran, etwas darüber zu sagen, und ich sonderte mich noch mehr ab. Die Idee, krank zu sein, distanzierte mich weiter und weiter von den Gleichaltrigen. Ich fokussierte mich nur noch auf diese eine Idee, ein Wort, das all meine Gefühle erklären sollte, eine Krankheit, für die ich nicht mal eine Diagnose hatte, damals, ich vergass, wer ich war, und plötzlich war ich nur noch das eine.

Mit zwölf legte meine Mutter mir zwei Tabletten neben mein Wasserglas, Jarsin 300, Jarsin 450. «Das ist nur pflanzlich», sagte sie, «Stimmungsaufheller, vielleicht hilft das ja.» Keine Angst, das geht vorbei, keine Angst. Daran glauben, dass es tatsächlich vorbei geht, das konnte ich damals nie. Irgendwann, viel später, habe ich gelernt, mich davon zu lösen. Aber erst beim Schreiben dieses Textes habe ich angefangen, wirklich zu verstehen, dass es nicht die Krankheit selbst war, die mich so abgekapselt hat. Erst jetzt konnte ich wirklich akzeptieren, dass es anderen ähnlich ging, dass wir damals und jetzt, heute, wirklich alle gleich anders sind. Wir sind alle Menschen, wir hatten alle ähnliche Gefühle und nie genau die gleichen, wir gingen alle irgendwie damit um.

(Mittwoch)
24.6.11   Der ernst des Lebens

Heute   ging   ich   mit ████ ████ ,
████ , ████ ████ , ████
an   die   Soli. Es   war   nicht
so   lustig. Ich   fühle   mich   einfach   irgendwie   so   alein, weil
ich   bekome   nie   lob   immer
nur   schimpfe   oder   miss gefalen.
Ich   über   lege   mir   immer
mehr   /   zusamen   /   ernste
Dinge   ,   ich   denke   an   Tod
und   an   die   tatsache   das
alle   einmal   tot sein   werden,
an   leben   und   die   unwarscheinl-
iche   sache   das   sich   wir
Menschen   so   weit   entwikeln
konnte, das   ist   schlecht   den
wir   zerstören   die   Welt
Fileicht   nich   die   Erde , aber
die   Lebewesen. Bakterien   werden
überleben   und   sich   warscheinli
weiter   entwikeln   und   es   würde

114

wieder Leben geben fileich sogar etwas Menschenänliches, manchmal überlege ich mir auch ob vor Uns, vor der Eiszeit, vor den Dinos, vor den Quallen & Schnecken, vor dem ersten bekanten Lebewesen schon mal Leben geherscht hat und die vorherigen (?Menschen?) Lebewesen haben sich selber zerstört. Manchmal denke ich sogar das sich die Dinos fieleicht selber zerstört haben. Wer weis? (ich sicher nicht)

Mond

Erde

Sonne

Die Sonne wird irgendeinmal explodieren und da sind alle tot.

115

6. Umgang finden

iNICHT LESEN!

I gloub i
bi chrank im Chopf..

I vrliere mengisch ef z gfüu
was recht isch u was ni..
rede mr zig i, brchune
& panik afau, weiss nüm
ob i mr di ganzi wärt
nur ibinde u ... nnes ni
gäl so zeme ne ... ni nid
z vrletze, ha ni vorher
gwüsst

I vr misse dr ▮▮▮▮

Cast thy burden upon the LORD, and He shall sustain
thee: He shall never suffer the righteous to be moved.

~ Psalm 55:22

(Privat
&
Geheim)

116

There is a light to all this darkness
if only we
Fight against them telling us
how we should be
I refuse to have you break me
(Seinabo Sey, 2015)

I just dont care

Wir brauchen Menschen, die uns zuhören. Gleichaltrige sind mit sich selber beschäftigt, Lehrpersonen distanziert, die Eltern verstehen uns nicht, wir wissen nicht, wem wir uns anvertrauen können. Was tun wir, wenn wir traurig sind, wenn wir uns ausgestossen und allein fühlen, nicht wissen, was wir wollen oder brauchen? Wenn wir uns jeden Tag verstellen müssen, um angenommen zu werden? Wenn wir glauben, dass alle uns hassen, uns hässlich finden, dass wir nichts können und nichts sind?

I just don't care.

«Alle lebten immer nur ihr eigenes Leben, waren verstrickt in ihre eigenen Probleme, jagten ihre eigenen Träume und waren damit beschäftigt, irgendwie reinzupassen. Wenn nicht mal sie dich lieben konnten, wessen Liebe solltest du dir dann je sicher sein?» (Darko 2017, S. 33)

«Ich habe viel geweint», sagt mir Anna. «Ich habe viel geweint», sagen mir Loris und Luna und Sarah, Andrea, Alex, Wanja und Salome. Tränen über Tränen über Tränen, oft allein, oft in die verschwitzte Bettdecke, nie vor den Augen anderer.

Besonders wer männlich sozialisiert wurde, hat früh gelernt, den Schmerz nicht zu zeigen. Philip sagt mir jetzt, dass sein Umgang mit dem Mobbing schon immer Distanzierung war, dass er sich nicht an die Zeit erinnern kann, in der er von den Kommentaren wirklich getroffen wurde. Immer ignorieren, immer so tun, als wär nichts. Ich weiss noch, dass ich weder Philip noch Fillip damals je habe weinen sehen, sie reagierten jeweils apathisch, lächelten, liessen das Schubsen über sich ergehen.

«Die I-don't-care-Attitüde hatte ich von Anfang an», sagt Philip, er spricht über die Oberstufe, als wäre alles gar nicht so schlimm gewesen, obwohl ich damals daneben stand, als sie ihm ein Veloschloss um den Hals ketteten und seine Bücher zerrissen. «Und das hilft mir heute auch noch, diese Einstellung – Stress? I don't care. Schlechte Noten, damals in der Berufsschule? I don't care. Wenn mich jetzt die Passagiere, die ich im Flugzeug bediene, blöd anmachen? I don't care, I don't care, I don't care.»

«Oben sah keiner, wie sie ertrank. Sie wollte um sich schlagen, aber ihre Fäuste waren zu weich und ihre Arme aus Gummi und schwach unter haushohen Wellen. Knochenfisch, Knochenblick, Cyborg. Sie wäre gern ein geschlechtsloses, unsichtbares Sein, hinter ihren Wangen Sensoren und in ihren Pupillen Infrarotkameras, würde gerne durch alles hindurch und dahinter sehen können, alles, wie es wirklich ist. Die unerreichbare Objektivität. Hier die Welt, einfach so, unkompliziert und analysierbar wie ein Plastikmodell. Das Legoset, welches sie sich immer gewünscht hatte, obschon unter dem toten Tannenbaum jeweils nur Playmobil gewesen war, die Tierarztpraxis. Mit Computertomograph, Röntgengerät und viel Zubehör zur Behandlung der Tiere. Verbaubar mit der Tierklinik, Art.Nr. 4343. Empfohlen für Kinder ab 4 Jahren, Verschluckungsgefahr. Schluckwehgefahr. Vielleicht hätte sie mit fünf an einer OP-Leuchte aus Kunststoff ersticken sollen, dachte sie, an einem winzig kleinen Dalmatiner in ihrem Hals, Verband am Fuss, dachte sie. Dachte sie nicht. Sie fürchtete sich davor, wo ihre Gedanken sie hinführten. Angeleint. Hunde und Ungeziefer in ihren Innereien.» (Alle selben anderen, unveröffentlichtes Manuskript, S.55)

Das habe ich dann auch irgendwann gelernt. Try not to care. Einfach weitermachen.

Als ich mit fünfzehn zum ersten Mal zur Psychotherapie ging, von meiner Mutter nicht gezwungen, aber überredet, endlich, nach Monaten und Jahren von «willst du nicht, du könntest doch, nur so zum Probieren», rannte ich sehr lange gegen diese Wand. Einfach weitermachen, I don't care, hatte ich mir beigebracht und jetzt sollte ich plötzlich über meine Gefühle sprechen, jetzt sollte ich plötzlich wahrnehmen, was mich verletzte oder freute oder mir Angst machte. Darin war ich schlecht.
«Guten Tag», sagte meine erste Psychologin jeweils, freundlich, und ich:
«Guten Tag.»
«Wie geht es Ihnen?»

«Gut, und Ihnen?»

Dann versuchte ich meistens eine Stunde lang, die Ärztin dazu zu bringen, über sich selber zu sprechen oder irgendwelche abstrakten neurologischen Vorgänge zu erklären, um das Gespräch von mir selber abzulenken. Sie verwies mich nach zwei Terminen an einen Psychiater weiter, der mir sofort Medikamente verschrieb, für die ich eigentlich noch zu jung war. Psychopharmaka, die mir bei dem halfen, was ich schon gelernt hatte: Gefühle abstellen. Lieber gar nichts fühlen, als traurig sein. Lieber Wände aufbauen.

Das kann in Situationen, in denen Jugendliche mit starken Emotionen konfrontiert sind, wie der einzige Ausweg scheinen. Dieser Mechanismus wird in unserer Kultur auch zelebriert: emotional abgeschottet zu sein wird besonders bei männlich gelesenen Personen als Zeichen von Stärke wahrgenommen, harte Schale weicher Kern, vom Leben abgehärtet.

Oft ist auch Ablenkung eine Methode auf die Jugendliche, und später auch Erwachsene, zurückgreifen, um sich nicht mit ihrer Situation konfrontieren zu müssen, um sich von ihren Gefühlswelten zu distanzieren. Youtube, Social Media, Gaming und Drogen: Bewusstseinsverlust, Verlust des bewussten Handelns, keine Schuld mehr tragen müssen, nicht mehr nachdenken. Beim Medien- und Betäubungsmittelkonsum lassen wir die Dinge oft einfach geschehen, einfach noch ein Bier, einfach die nächste Folge laufen lassen, autoplay, weitermachen, mitmachen, automatisch, maschinell, gedankenlos Videos konsumieren, weiterscrollen, auf digitale Feinde schiessen und noch einen Shot, eine Tasse Kaffee, eine Zigarette. Hauptsache weg sein.

Wie der Protagonist des Teenager-Romans «The Perks of Being a

Wallflower» an einem Punkt sagt:

«He always says he feels free, and tonight is his destiny. But after a while, he runs out of things to keep himself numb. (…) the words leave him, and we can see how sad he really is.» (Chbosky, 1999, S. 21)

Das überträgt sich wiederum auf den Alltag, keep calm and carry on und wieder und wieder: I don't care, I don't care. I'm empty.

Am I?

«Wish I could erase my memories, so I could stop feeling so empty
I wish that shit wasn't so tempting
But it's hard to resist when there's plenty
of things I could do to fuck me up
I want to let go, but I'm feeling so stuck
So all I can do is fill up my cup
And sit here alone hoping no one disrupts
But I'm empty inside, yeah I'm empty inside
And I don't wanna live, but I'm too scared to die»
(O'Brian, 2017)

Tatsächlich kann diese Strategie aber dazu führen, dass wir immer weniger Zugriff auf unsere Emotionen haben. Die Glorifizierung von Apathie stellt diese Distanzen oft positiv dar, aber das Wegsperren von negativen Gefühlen führt auch zum Verlust von gewollten Gefühlen. Kein Leiden mehr, aber auch keine Freude, komplette Realitätsflucht. Mit siebzehn wurde ich dann mit Dysthymie diagnostiziert, chronische Apathie, chronische Müdigkeit, chronische Depersonalisation, Derealisation – chronische Depression. Wieder das Wort, immer noch das Wort. Keine Angst, das geht vorbei, das geht vorbei, hatte meine Mutter mir damals gesagt, und jetzt wurde mir plötzlich das Gegenteil gesagt: Das bleibt, vielleicht für immer, vielleicht nur fast.

Céline Kramer ist meine siebte Ärztin. Ihr Büro ist im fünften Stock, hinter der Tür steht am Boden ein Kuscheltier und über dem Stuhl, auf dem sie immer sitzt, ist an der Decke eine Kamera angebracht. Sie ist Psychologin und die erste Person, die mir sagt, sie habe wenig vergessen oder verdrängt, sie könne sich sehr gut an ihre Jahre in der Oberstufe erinnern, an die innere Unruhe und die Müdigkeit. Sie hat auch ein Internat besucht, erzählt sie mir, sie hat auch mit den Eltern gestritten und jetzt hat sie selber Kinder im Teenageralter und streitet mit ihnen, manchmal, und versucht, die Konflikte zu lösen, ganz nach Psychologiestudium.

«Wieso beschäftigen Sie sich damit?», fragt sie mich.
«Für meine Maturaarbeit.»
«Ja, ich weiss, das sagten Sie. Aber ich meine, warum haben Sie dieses Thema gewählt?»
«Oh. Weil ich – keine Ahnung. Weil ich es wichtig finde? Ich dachte vielleicht auch, dass ich da irgendwo einen Grund finden könnte, in dieser Zeit – also einen Grund, wieso es mir jetzt so geht. Ob die Erfahrungen, die ich damals gemacht hab, all das – ob's jetzt so ist, wie's ist, deswegen. Und was ich hätte anders machen können oder vielleicht auch: Was könnten wir jetzt anders machen, im Umgang mit Jugendlichen, damit das alles nicht so bleibt, damit das nicht mehr so schwer ist. Damit sie Erwachsene werden, die mit sich selber umgehen können und ihre Bedürfnisse kennen. Damit sie Erwachsene werden, die bereit sind, mit der Welt umzugehen, so, wie sie ist, und sie zu verändern.»

«Denken Sie denn, das können wir kontrollieren?»

«Was? Die Jugendlichen? Nein, gerade nicht, ich denke, wir kontrollieren sie zu fest, und gleichzeitig trauen wir ihnen nichts zu.»

«Aber denken Sie nicht, das ist eine Phase im Leben, die alle einfach durchmachen müssen? Dass das einfach dazu gehört?»

«Mit diesem Mindset kann sich ja nie etwas ändern, wenn alle immer denken, das ist halt so, da müssen wir durch.»

«Und wissen Sie schon, was Sie anders hätten machen sollen?»

«Nein.»

«Was hätten Sie sich denn gewünscht, damals?»

Ich versuche, nicht zu merken, wie sie mir in dem Muster Fragen stellt, dem Psychologen und Psychologinnen immer folgen: Was würden Sie denn wollen, woran merken Sie das, stellen Sie sich vor, wie wäre das. Das wird wohl im Studium so gelehrt, denke ich, und sage: «Weiss ich nicht», weil ich nach all den Jahren zwar besser, aber immer noch nicht besonders gut im Über-Gefühle-Reden bin.

«Und was wünschen Sie sich jetzt?»

«Keine Ahnung.»

123

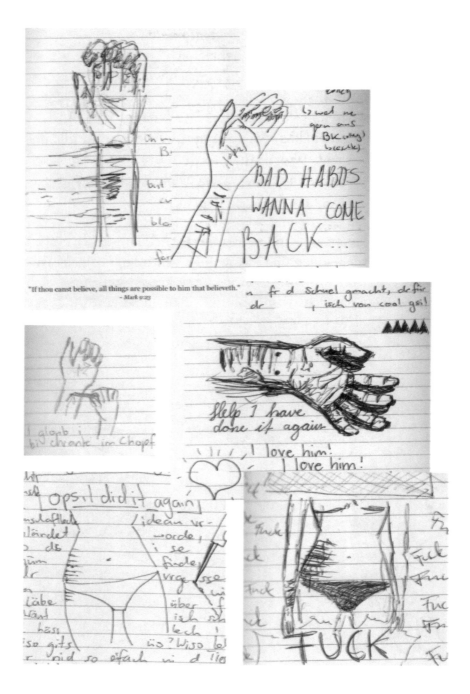

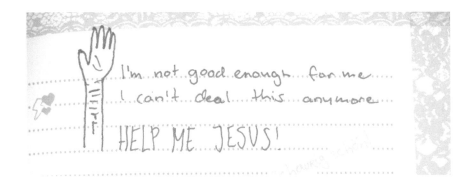

«und während man im Bunten hockt und alle hoch zu einem beten
stürzt man sich in der Asphaltstadt wie Vögel von den Drähten
und wenn es dann mit 15 Jahrn am Boden liegt zerschellt
dann lesen wir in großen Lettern ‹was hat ihm bloß gefehlt?›»
(Früchte des Zorns, 2002)

Rasierklingen

Eine Freundin, die ich hatte, schnitt sich. Zwei, drei Freundinnen, die ich hatte, schnitten sich, versteckten die sauber desinfi-
zierten Wunden unter auffälligen Verbänden am Unterarm, unter
Schweissbändern, Freundschaftsketten, Armreifen. Eine Freundin,
die ich hatte, schnitt sich besonders oft, sie hiess Iris, kratzte sich
mit der Bastelschere im Handarbeitsunterricht die Haut auf, die
blutige Bastelschere im Handarbeitsunterricht, die blutige Schere
offen in der Mitte des Pultes, hast du das absichtlich gemacht, absichtlich so platziert, natürlich nicht, du hast unsere Aufmerksamkeit doch schon, die will ich nicht. Iris, die mir per Whatsapp Fotos
von ihrem Körper sendete, von ihren Oberschenkeln und Waden,

Hex chli angschtet
ds es mi nümm liebt wön ig iham
vom vrzelle wie depri i ab und
zue bi (bisse, schla & ritze usw)
u das findet es warsch. ni so
gnad attraktiv

das Wort «Tod» in Grossbuchstaben auf jede Fläche geritzt, auf ihren flachen Bauch, auf die glatt rasierten Arme. Ihre Augen waren gross und braun und feucht und rund und ich fürchtete jeweils, sie könnten plötzlich aus ihrem Schädel rollen. Wenn sie weinte, schluchzte sie trocken. Im Gang, wenn alle anderen in den Klassen sassen, weinte sie in meine Lieblingsjacke, wenn die Lehrpersonen mich ihr nachschickten, «kannst du nach ihr sehen, bitte, ich lege euch die Arbeitsblätter aufs Pult».

Menschen, die sich einmal selbst verletzt haben, entwickeln oft eine immer bessere Wundheilung. Wenn Loris fällt und sich am Knie verletzt, wird sich keine Narbe bilden, und die Wunden an Lunas Handgelenk von der Zeit mit Marco sind weg.
«Erklär mir, wieso du's getan hast«, bitte ich Luna und sie meint: «Für mich war es das Gefühl von Kontrolle, wahrscheinlich. Alles passiert einfach, weisst du, alles ist so weit weg – aber das Blut ist da, das Blut ist real. Immer in dem Moment, wo das Blut rausgeflossen ist, hab ich mich kurz glücklich gefühlt oder erleichtert. Irgendwie bin ich doch noch da, dachte ich dann.»

«wöu mr üsi Gfül u Bedürfnis nid i Wort chöi fassä
üs ni chöi usdrückä, wedr chöi liebe no chöi hasse
fö mr ah üs säubr odr angeri z vrletzä
wöu mr üs üsnä Gfüu ni chöi ussetzä

wöu mr ds niä hei glert
sondern ds mä sech drgägä wehrt
ds me ds söu mache wo angeri wei
wöu süsch bisch fausch, u de lösi di elei
nei nei nei i bi so elei u nie frei»
(skilla, 2019)

Iris schnitt sich, weil sie Aufmerksamkeit wollte. Das hat sie nie
ausgesprochen, trotzdem wussten wir es. Damals werteten deswegen alle ihren Schmerz ab: Sie will nur, dass wir sie ansehen,
sie will nur im Mittelpunkt sein. Und ich war wütend auf sie, ich
glaubte, ich sei gequälter als alle anderen und einzigartig, ich versteckte meine Tränen und sie zeigte allen das Blut. Ich dachte nur,
du hast keine Ahnung, ich dachte, mir geht es viel schlechter als dir.
Im Nachhinein weiss ich: Mit den Schnitten rief sie nach Hilfe. Mit
den Schnitten sagte sie uns, dass sie sich allein fühlte. Sie brauchte
tatsächlich Aufmerksamkeit, aber Aufmerksamkeit zu wollen, ist
nichts Verwerfliches, sondern ein valides Bedürfnis. Wir brauchen
alle Menschen, die sich sorgen. Wir brauchen alle einander.

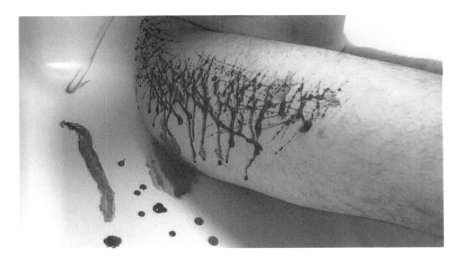

Hat Gott uns nicht alle als Kois
geschaffen?

Loris badet im Koiteich. Ich halte meine Füsse ins Becken und starre auf meinen Laptop. Loris ist nackt und das Wasser ist so klar, dass ich die Fische unten am Grund sehen kann, Schuppen und Arme und Beine und Narben.

«Ich kann mich so schlecht erinnern, an damals», sagt Loris und schwimmt von mir weg und wieder auf mich zu. Der Boden des Weihers ist grünblau und die Fische sind orange-weiss oder rotschwarz oder grau-braun gemustert und sehr schön und sehr viel Geld wert. Nur einer von ihnen ist einfarbig und dunkelgrau, ein normaler Karpfen, gleich wie die andern, nur weniger bunt und weniger teuer.

«Es gab so viele verschiedene Arten vom Schlechtfühlen. Manchmal war da Selbsthass, manchmal hab ich auch meinen Sinnen nicht vertraut, fand alles nicht mehr echt, Weltschmerz, keine Ahnung. Da war so viel, ich weiss gar nicht, wo ich anfangen soll. Ich bin so anders, jetzt.»

Ich nicke. Loris legt sich auf den Rand des Beckens, wickelt sich ein Frotteetuch ums Haar, die Füsse immer noch im Wasser und sagt noch einmal: «Ich kann mich so schlecht erinnern.»

«Erzähl mir, wenn du willst, zum Beispiel wie das mit der Religion war. Wann das war», sage ich. Loris macht die Augen zu.

«Ich war in der achten Klasse, glaube ich. Ich hab immer jemanden gesucht, das hab ich auch im Tagebuch immer geschrieben, ich suche Liebe, ich suche Erfolge, ich suche dieses oder jenes. Das war auch vielleicht davon beeinflusst, dass ich mich damals noch als Mädchen identifiziert hab oder als Mädchen sozialisiert war. Den Mädchen wurde halt immer gesagt, dass es nur um Liebe geht. Und dann bin ich in dieses Skilager gegangen, dieses christliche, einfach so, ohne christlich zu sein. Aber ich hasse Skifahrern, deswegen bin ich Schlittschuh gelaufen. Und dann war abends Gottesdienst und die haben gesagt, Gott ist Liebe. Und ich weiss noch genau, ich dachte dann so: Das ist es – das ist das, was ich aufgeschrieben hab, das ist das, was ich gesucht hab, das ist die Liebe, die ich wollte. Und dann hab ich mich halt so bekehrt. Ich bin dagesessen mit so einem etwa zwanzigjährigen Typen und der hat alles vorgesagt und ich hab's nachgesagt, Jesus, ich öffne jetzt mein Herz, bitte komm in mein Herz, begleite mich und so. Und dann Amen.»

«Wieso hast du dich so schnell darauf eingelassen? Weil es dir so schlecht ging?»

«Ja – also, sie mussten mich nicht mal wirklich überzeugen. Es ist halt – es ist wie ein Experiment. Aber indem du's ausprobierst, ist es ja kein Experiment mehr, wenn du dich ja bekehren lässt. Und dann überzeugst du dich halt selber.»

«Und dann ging's dir besser.»

«Ja.»

«Aber?»

«Halt nicht für immer. Die Probleme von vorher, die waren immer noch da. Dass ich nicht gut genug bin, das dachte ich immer noch – und irgendwie auch nicht, weil es ja heisst, es ist egal, was du machst, für Gott zählt nur, dass du dein Bestes gibst.

Aber das ist auch widersprüchlich, weil dein Bestes geben sollst du ja trotzdem, weisst du, was ich meine?»

«Ich weiss nicht. Ja, ich glaub schon.»

«Bei grossen Fragen war die Antwort immer nur, dass du Gott vertrauen sollst, du merkst ja, dass Gott da ist. Und irgendwann hatte ich das Vertrauen dann wohl nicht mehr, oder hab's auch nicht mehr gebraucht. Ich hatte dann einen Freund, eine andere Sicherheit. Es waren nicht nur die Zweifel, die mich dann nach zwei Jahren oder so davon weggebracht haben, sondern auch die Erkenntnis, dass viel von dem Glauben auf Angst aufbaut. Das wollte ich nicht mehr. Ich hab nur aus Angst das gemacht, was ich dachte, das Gott von mir will.»

«Aber Angst hattest du auch, bevor du an Gott geglaubt hast?»

«Unsere westliche Kultur ist ja eh mega christlich geprägt, die Unterschiede waren also gar nicht so krass. Im Christentum hab ich zum Beispiel mit allen Menschen sofort so unendlich weit gedacht, ich dachte immer sofort, so, jetzt lieben wir uns und er bekehrt sich und wir kriegen Kinder. Aber auch ohne Gott hat unsere Kultur mir das beigebracht, auch vorher hab ich immer sofort gedacht, das ist die Liebe meines Lebens, das ist der eine, wir lieben uns und heiraten und sind für immer zusammen.»

«Hm.»

«Selbstbefriedigung war auch schwer, weil ich's immer gemacht hab, es sich aber immer falsch angefühlt hat, mit und ohne Religion. Weil es immer hiess, Mädchen machen das nicht, und ich wurde ja als Mädchen erzogen. Die, die als Jungs angesehen wurden, die haben dauernd drüber geredet, bei denen war das normal… Sogar im Sexualkundeunterricht hat die Lehrperson gesagt, Mädchen machen das erst ab 21.»

«Was? Echt? Die Lehrperson hat das –»

»Ja, ich weiss! Und eben, dann kam das mit Gott dazu, Selbstbefriedigung ist Sünde und so. Ich kann mich erinnern, in der neunten Klasse, beim Wahrheit-Tat-Risiko-Spielen, da hab ich's dann mal zugegeben und alle als Mädchen Erzogenen waren total geschockt und überfordert und fanden's mega schlimm. Die religiösen und die nicht-religiösen.»

«Das Tabu und die Ideale sind dieselben, egal ob mit oder ohne Religion.»

«Ja.»

«Und wenn du dich geschnitten hast? Dachtest du da auch, Gott will das nicht?»

«Hm. Ich weiss nicht – keine Ahnung, daran hab ich nie gedacht, glaube ich. Ich habe sehr früh angefangen, mich selbst zu verletzen, der Übergang zum Schneiden war nicht so bedeutend für mich. Früher war das halt beissen, kratzen – die einzige Abstufung für mich war, dass es bluten musste. Ab dann, wo es geblutet hat, war ich zufrieden, ab dann galt es wirklich als Selbstverletzung.»

«Hat die Schnitte mal jemand gesehen, in der Schule?»

«Ja, einmal, im Bus. Eine Kollegin von meiner Schwester hat's gesehen und dann sofort meiner Schwester und meinen Freundinnen erzählt – die fanden das sehr schlimm, meine Schwester ist weinend in mein Zimmer gekommen. Ich hab dann lang versucht, das wegen ihr nicht zu machen, weil sie es so schlimm fand.»

«Wieder für die anderen, nicht für dich selbst.»

«Mhm.»

«Und hat's funktioniert? Hast du aufgehört?»

«Nicht wirklich, nein. Erst mit neunzehn hab ich wirklich aufgehört, für mich selbst, ganz. Erst als ich von zu Hause ausgezogen bin, konnte ich für mich selber in die Therapie, mich verändern. Vorher waren es immer andere, die mir vorgesagt haben, dass das schlecht ist, dass ich aufhören soll.»

«Du hast dir selber nicht vertraut.»

«Ja.»

«Hast du eine Ahnung, woher das kam?»

«Ich denke das ist halt eins zu eins, weil die Leute nicht lernen, die eigenen Bedürfnisse kennenzulernen und die zu äussern, und auch die Bedürfnisse der anderen zu hören und dann abzuwägen, was sie tun wollen. Weil sie einfach lernen, dass man das machen soll, was die anderen wollen, damit die einen mögen.»

Ich schaue Loris an und Loris schaut zurück. Dann sage ich: «Ich geh schwimmen», und lege den Laptop weg.

7. Abschliessen

Manchmal wenn ich in
diesem Tagebuch blättere
und alle meine Erinner-
ungen wieder hervor-
hole, wenn ich lese
wie verliebt ich war,
was mich gefreut hat
oder mir schmerzen
hinzugefügt hat, dann
blicke _ich zurück in
dieses Jahr!

Doch was bleibt mir
übrig?

Manchmal frage ich mich warum ich mich nicht anders verhalten habe?
∗ wie man lebt und sich verhält

Vielleicht wäre dann alles anders!

Und jetzt?

«But is the fact that children are of the same race as ourselves, the fact that their development should be regarded from the point of how best shall they serve themselves, their own race and generation, not that of a discriminating overlord, assuming the power of life and death over them, a reason for us to disregard their tendencies, aptitudes, likes and dislikes, altogether? I should, on the contrary, suppose it was a reason to consider them all the more.» (de Cleyre 1914, S. 13)

Im Prinzip ist der Mensch wie ein Klumpen Knete.

Als Kind hatten meine Geschwister und ich eine Schachtel mit Plastikutensilien, die wir fürs Spielen mit der Knete benutzten: Messer und Förmchen und Zahnstocher, Gabeln und Spachtel, Play-Doh-Kitchen-Creations-Sprinkle-Cookie-Surprise-Set zum Geburtstag – es war jeweils frustrierend, wenn wir die Farben gemischt und dann nicht mehr auseinandergekriegt haben, nichts lässt sich rückgängig machen, alles bleibt, alles häuft sich an. Je älter die Knete, desto härter wird sie. Neu gekauft und von unseren Kinderhänden gewärmt ist sie weich und formbar. Dann vergessen wir sie über Nacht draussen und am nächsten Morgen ist sie hart geworden und am Tag darauf noch härter und das Spielen damit wird immer anstrengender, das Formen ist plötzlich nicht mehr so leicht, Neues will nicht mehr halten. In unserer Jugend nehmen wir Einflüsse aus unserem Umfeld schnell auf, wir verinnerlichen Ideen und Grundsätze, die wir später nur schwer wieder loswerden.

«Ich glaube einfach, dass das alles sehr tief in mir drin ist, und ich hab auch Angst, dass ich die Schäden nie mehr wegbringe», sagt mir Alice, «mein Selbstwertgefühl ist immer noch ein Problem und dass ich mich in Gruppen nicht wohlfühle und allen immer gefallen will – ich kann mich nicht beruhigen, kann nicht für mich einstehen oder akzeptieren, wenn andere mich nicht cool finden. Ich denke, das steht schon in Zusammenhang mit diesen Gruppendynamiken damals.»

Lila erzählt: «Ich merke, dass ich sozial total verkrüppelt bin – Menschen kennenzulernen ist für mich sehr schwer, weil ich einfach keine positiven Erfahrungen hatte. Was ich auch sehr internalisiert hab, sind so Anti-Prozesse: Hat mir jemensch gesagt, ich soll meine Haare schneiden, hab ich sie noch länger wachsen lassen. Irgendwann hatte ich dann so eine Antihaltung gegenüber jeder Form von Anpassung, weil ich mich nie angepasst hab, ich wollte nie Teil einer Gruppe sein – ich hab mich total so gefühlt, als müsste ich mich auch äusserlich unterscheiden – das hab ich immer noch ein bisschen.»

Entwicklung, Fortschritt. Helena ist meine achte Ärztin. Sie fühlt sich nicht wie eine Ärztin an, vielleicht, weil sie sehr ehrlich zu mir ist und mich nicht siezt, vielleicht, weil sie mich fragt, worüber ich sprechen will und worüber nicht.

Wenn mir heute gesagt wird, dass ich anders bin, spüre ich den Automatismus von damals immer noch, ich weiss, dass das nichts Schlechtes ist, anders zu sein, dass das Wort manchmal sogar mit positiver Intention verwendet wird, und trotzdem höre ich mich selber: Ich bin doch normal, ich bin doch normal, ich passe mich doch an. Wenn meine Schulnoten schlechter sind als die der anderen aus meiner Klasse am Gymnasium, zweifle ich manchmal immer noch kurz an meiner Intelligenz. Wenn ich über mich selbst sprechen soll, kann ich immer noch kaum mehr als ein paar Sätze formen, mir den Raum, den ich brauche, nicht nehmen. Aber ein paar Sätze forme ich. Heute rasiere ich mir die Beine nicht mehr. Ich kann oben ohne der Aare entlanggehen, ich kann mir meine Augenbrauen so hell färben, dass es fast aussieht, als hätte ich keine mehr, mit fremden Kindern im Bus Grimassen schneiden, meine Meinung sagen und mich für Falschaussagen entschuldigen. Ich kann mit Loris und Luna zu meiner Familie nach Hause gehen und erklären, wer die beiden für mich sind. Ich kann meine Grenzen kennen und respektieren oder überschreiten, ich kann sagen «ich bin zu müde» oder «ich hab keine Lust», wenn ich nicht ausgehen will, ich kann kommunizieren und mein Leben als Lernprozess verstehen.

«We have left to consider what may be done in the way of improving intellectual education. What is really necessary for a child to know which he is not taught now? And what is taught that is unnecessary? (de Cleyre 1914, S. 321)

Im Prinzip ist der Mensch wie ein Klumpen Knete.
Wenn er noch weich ist, von der Luft nicht gehärtet, dann sollten wir ihn nicht einfach in die vorgefertigten Keksformen pressen, die wir schon haben, ohne Zeit oder Freiraum. Wir sollten den Ju-

gendlichen Grundlagen beibringen, die ihnen helfen können, sich selber zu formen: Kommunikation, Intersektionalität, Positionierung, Privilegien und Diskriminierungen, Politik, Handlungs– und Selbstbewusstsein, Selbstliebe und -care. Akzeptieren, dass wir Bedürfnisse haben, lernen, diese wahrzunehmen und voneinander zu unterscheiden, sie nach ihrer Wichtigkeit zu ordnen und uns selbst oder gemeinsam mit anderen darum zu kümmern, statt uns darüber zu beklagen, dass sich niemand darum kümmert (vgl. D'Ansembourg, 2015). Das, was wir brauchen, nicht werten – erkennen, dass der Drang nach Aufmerksamkeit und Wertschätzung menschlich und gut ist und zu uns gehört. Dass auch andere diese und andere Bedürfnisse haben und wir unsere Mitmenschen in deren Erfüllung unterstützen können, wenn wir das wollen, obgleich wir keine Verantwortung dafür tragen. Wahrheiten aussprechen, anderen zuhören, Solidarität lernen.

In ihrem Essay «Francisco Ferrer and the Modern School» zitiert Emma Goldman Sebastian Faure:

«No one has yet fully realised the wealth of sympathy, kindness, and generosity hidden in the soul of the child. The effort of every true educator should be to unlock that treasure—to stimulate the child's impulses, and call forth the best and noblest tendencies. What greater reward can there be for one whose life-work is to watch over the growth of the human plant, than to see its nature unfold its petals, and to observe it develop into a true individuality.»

Teenager sein – das ist nur eine Phase, heisst es. Aber jeder Teil des Lebens ist nur eine Phase und das macht den jeweiligen Abschnitt nicht weniger wertvoll. Negative Gefühle tun auch weh, wenn sie zeitlich beschränkt sind, sie tun auch weh, wenn sie von

Hormonschwankungen ausgelöst sind. Wenn wir die Probleme von Jugendlichen nicht ernst nehmen, dann schliessen sie diese Erfahrung in sich ein und werden sie später reproduzieren. Oft distanzieren die Erwachsenen sich von den Jugendlichen, statt in ihnen sich selbst zu sehen: Wir waren alle Kinder, wir waren alle jugendlich. Wenn wir die nächsten Generationen weiterhin so behandeln, wie wir behandelt wurden, dann wird sich nichts für sie ändern. Statt ihre Probleme als Phase abzutun, sollten wir erkennen, dass der Umgang und das Umfeld, die wir als Teenager erleben, unser Sein und unser Leben massgeblich beeinflussen. Wir sollten versuchen, sie zu verstehen – denn die Jugendlichen zu verstehen, das heisst auch, uns selbst zu verstehen.

8. Bibliographie

Literatur:

Adams, Tony E./Ellis, Carolyn/Bochner, Arthur P./Ploder, Andrea/ Stadlbauer, Johanna: Autoethnografie in der Psychologie. In: Mey G., Mruck K. (Hrsg.) Handbuch Qualitative Forschung in der Psychologie. Springer Reference Psychologie. Springer, Wiesbaden, 2018

Chbosky, Stephen: The Perks of Being a Wallflower. Pocket Books, 1999

Cohen, Jere M.: Sources of peer group homogeneity. Sociology of education, 1977, S. 227-241

Darko, Luna: Myko. Community Editions, 2017

De Cleyre, Voltairine: Selected Works of Voltairine de Cleyre. Mother earth publishing association, 1914

Goldman, Emma: The Social Importance of the Modern School. Emma Goldman Papers, Manuscripts and Archives Division, The New York Public Library, Jahr unbekannt. (abgerufen am 04.08.19 unter: https:// theanarchistlibrary.org/library/emma-goldman-the-social-importance-of-the-modern-school)

Goldman, Emma: Francisco Ferrer and the Modern School. Aus: Goldman, Emma: Anarchism and Other Essays. Mother Earth Publishing Association, 1917 (abgerufen am 05.08.19 unter: https://loveandragemedia.org/2018/10/13/emma-goldman-on-anarchist-education-francisco-ferrer-and-the-modern-school/)

Hornscheidt, Lann: Zu Lieben, Lieben als politisches Handeln. W_orten & Meer, 2018

Meyer, Stephanie: Twilight. Little, Brown and Company, 2005

Russell, Rachel Renée: Dork Diaries #1 Tales from a Not-So-Fabulous Life. Aladdin, 2009

Gaarder, Jostein: Sofies Welt – Roman über die Geschichte der Philosophie, aus dem Norwegischen von Gabriele Haefs. Carl Hanser, 1993

Musik:

First Aid Kit: Ugly. Album: Tender Offerings EP, Columbia, 2018

Früchte des Zorns: Feindesland. Album: Zwischen Leben und Überleben, Jamendo SA, 2002 (abgerufen 29.09.19, https://www.youtube.com/watch?v=8EwN2_JjFp8)

Früchte des Zorns: Kinderlied. Album: Zwischen Leben und Überleben, Jamendo SA, 2002 (abgerufen am 02.19.19, https://www.youtube.com/watch?v=FJXLIZd4hng)

Gomez, Selena: The Heart Wants What it Wants. Album: For You, Hollywood Records, 2014. (abgerufen am unter: https://www.youtube.com/watch?v=ij_0p_6qTss)

Grande, Ariana: Fake Smile. Album: thank u, next, Republic Records, 2019 (abgerufen am 26.03.2020 unter: https://www.youtube.com/watch?v=XTZigwkcJhw)

Harris, Calvin/Goulding, Ellie: I need your love. Album: 18 Months, Columbia Records/Fly Eye & Deconstruction, 2012 (abgerufen am 29.06.2019 unter: https://www.youtube.com/watch?v=AtKZKl7Bgu0)

High School Musical Cast: Stick to the Status Quo. Album: High School Musical, Walt Disney Records, 2006 (abgerufen am 18.09.2019 unter: https://www.youtube.com/watch?v=Mh3TuzyNqY)

MisterWives: Not Your Way. Album: Our Own House, Photo Finish, 2015

O'Brian, Olivia: Empty. Album: It's Not That Deep, Island Records, 2017 (abgerufen am 16.09.2019 unter: https://www.youtube.com/watch?v=4Mu-GhLFyTs&)

Scott, Nitty (with Rapper Big Pooh, Sam B): Little Sister. Album: The Art Of Chill, Nitty Scott, 2014

Sey, Seinabo: Younger. Album: Pretend, Magnus Lidehäll, 2015

Sivan, Troye: Seventeen. Album: Bloom, Universal Music Group, 2018

Skilla: :-(. Album: Heiwäg, 2019
(abgerufen am 20.09.19 unter: https://soundcloud.com/norina-escher)

Skilla, lillil: Läbä wini wott. Album: Heiwäg, 2019
(abgerufen am 18.09.19 unter: https://soundcloud.com/norina-escher)

Spears, Britney: Toxic. Album: In The Zone, Jive Records, 2004
(abgerufen am 07.07.2019 unter: https://www.youtube.com/
watch?v=LOZuxwVk7TU)

Tempest, Kate: Europe is Lost. Album: Let Them Eat Chaos, Lex
Records, 2016 (abgerufen am 18.09.19 unter: https://www.youtube.com/
watch?v=QSVyyykaEOo)

Woods, Jamila: Lonely. Album: HEAVN, Closed Sessions/Jagjaguawar, 2016

Film:

Fight Club. Regie: David Fincher, 20th Century Fox,1999

High School Musical. Regie: Kenny Ortega, Buena Vista Television, 2006

Mean Girls. Regie: Mark Waters, Paramount Pictures, 2004

To All the Boys I've Loved Before. Regie: Susan Johnson, Netflix, 2018

Dank

Danke an alle Menschen, die ihre Tagebücher, Zeichnungen und Erlebnisse mit mir geteilt haben:

Norin*a, Zora, Noa, Chantal, Manuela, Lilian, Kade, Vera, Alexandra, Raphael, Lena, Salomé, Salome, Sarah, Selina, Senua, Aline, Margi, Mono, June, Selina, Juri, Franziska, Stefan, Michelle, Pascal, Pauline

Danke an Bernhard Engler von Lokwort, für die Idee und die Chance, aus meiner Maturaarbeit ein Buch zu machen.
Danke an Andrea Loux, für's Management vom Crowdfunding.
Danke an Regina Dürig, die nicht nur die ursprüngliche Maturaarbeit mentoriert, sondern den Text später auch lektoriert hat und mich in meinem Schreiben unterstützt, schon lange.
Danke an Skilla, für's Austauschen und Da-sein, überall.